体験する　調べる　考える

領域「環境」

田宮 縁

萌文書林
HOUBUNSHORIN

はじめに

　本書は、保育内容の領域「環境」を扱った保育者（幼稚園教諭、保育教諭、保育士）養成課程のテキストです。

　ページを開くとわかりますが、体験したり、調べたり、考えたりしたことを自分なりに整理し、まとめるという「ポートフォリオ」という方法を用いました。体感することを通して、学生のみなさんの主体的な「気づき」をうながし、みなさん自身が学んでいくことができます。文字に加え、写真や手書きスケッチなども入れていくことで、借り物の知識ではなく、一人ひとりの"心の風景"をプラスしたオリジナルテキストをつくることができるでしょう。

　また、全編を通して、授業のライブ感を重視した語り口調で書きました。実際の授業で使用したメニューや筆者の参与観察による事例を掲載してあります。構成は以下の3部となっています。

ホップ 第1部　保育者のための領域「環境」基礎知識

子どもの発達と環境とのかかわりを中心に読み物風に書いてあります。簡単な新書を読むつもりで読み進めてください。

ステップ 第2部　学びのポートフォリオ　体験する・調べる・考える

領域「環境」のねらいと内容をみなさんの生活や経験と結びつけて考えられるような解説やメニューなどが掲載されています。みなさんのオリジナリティを発揮してください。

ジャンプ 第3部　教材を研究し、指導計画をつくる

理論を実践に結びつける段階です。第1部、第2部で学んだことをもとに、素材を教材化してみましょう。

　主体的に学ぶ過程で、感性を磨き知識を身につけ、保育者としての思考力・実践力をつけることができるでしょう。ぜひ、興味をもったページから楽しみつつ取り組んでみてください。

もくじ

第3部 教材を研究し、指導計画をつくる

第1部

保育者のための
領域「環境」基礎知識

「環境」という言葉をキーワードに、様々な視点から保育者として必要な基礎知識を学びます。「環境を通して行う教育・保育」とはいかなるものか、領域「環境」とはどのようなねらいや内容があるのか、などを解説します。さらに、事例をもとに子どもの発達と環境とのかかわりについて考えてみましょう。

第1章

「環境」とは ── 人間の生活と環境

「環境」って何だろう

みなさんは、「環境」という言葉を聞いて何を思い出しますか？

「環境問題」「環境アセスメント」「環境省」「環境白書」「環境基本法」「環境教育」「環境ホルモン」「環境ビジネス」「環境政策」……。もっとたくさんありそうですね。ここ数年、「環境」という言葉を聞く機会が増えたような気がします。

「環境」という言葉の意味を『広辞苑』で調べてみました。「①めぐり囲む区域。②四囲の外界。周囲の事物。特に、人間または生物をとりまき、それと相互作用を及ぼし合うものとして見た外界。自然的環境と社会的環境とがある」とありました。

もう少し具体的に考えてみましょう。今、教室で講義を受けているあなたにとっての環境を考えてみてください。

近くには友達がいますね。先生もいるでしょう。それは人的環境ですね。あなたにとって、まわりの友達や先生は環境です。友達から見ると、あなたも環境となります。つまり、主体が変われば環境の要素も変わるということです。環境とは、いつも中心になる主体者があって、それを取り巻くもので決まってくるのです。

では今、あなたのまわりの物的環境は？　椅子、机、黒板もしくはホワイトボードがあることと思います。プロジェクターやスクリーンもある教室かもしれません。これらが物的環境ですね。

また、人や物が醸し出す雰囲気、時間、空間も環境だといえます。たとえば、

受講者数が違ったらクラスの雰囲気は違うでしょう。もちろん、椅子や机の形や配列も雰囲気にかかわります。太陽の光の差し込み方によっても違いますね。

　つまり、環境とは一般的に、生物の生活について考えられている概念であり、生きている生物の周囲にあって、相互作用をもつすべてのものを指すのです。

 ## 人間が生きていくうえで大切な環境

　みなさんが生きていくうえで最も必要なものは何だと思いますか？　当たり前のこと過ぎて、答えにくいかもしれませんね。

　正解は、水と大気と太陽の光です。

　みなさんは呼吸していますね。また、何もせずじっとしていても、体温を保ったり心臓を動かしたりするなど、様々な生命活動のためにはエネルギーが必要です。このエネルギーのことを基礎代謝といいます。もちろん、運動をしたり仕事をしたり、勉強をしたりするなど身体活動のレベルに応じてエネルギー必要量（消費量）は変化します。

　私たちは外界から酸素を取り入れ、体内で消費して二酸化炭素を放出します。この呼吸に必要な酸素は、緑色植物が太陽の光を受けてつくり出したものです。また、動物の食料は最終的に植物に依存しています。食物連鎖を考えれば容易に想像できるでしょう。

　ということは、生きることそのものと直接かかわりをもっているもの、つまり最も基礎的な環境の要素は、植物の光合成に必要な「水と大気と太陽の光」なのです。これらは人間だけでなく、すべての生物にとって必要ですね。

　植物はまた、水を地上に確保し、雨を降らせ、川の水をコントロールする役割もしてくれます。

　ノーベル平和賞を受賞したワンガリ・マータイさんは、「グリーンベルト運動」という植林活動をはじめ、環境保全などに力を注ぎました。現在、

乾燥地帯の土地が荒れて植物や農作物が育たなくなる砂漠化が急速に進んでいます。マータイさんの「グリーンベルト運動」は、砂漠化の進行を食いとめ、きれいな水と空気を人間の生活にもたらすことでしょう。

　人間中心の生活を考えるだけでなく、地球全体の植物を主体とした環境を守ることの必要性を、私たち一人ひとりが自覚して生きていくことが大切なのではないかと思います。

 ## 地球環境と教育

　地球環境の変化やそれに対する警鐘は、みなさんも本や映画、報道などから様々な情報を得ていることと思います。ここでは、それらについて詳しくはふれませんが、環境と教育についてと、幼児期の環境教育について述べたいと思います。

　人間がこの地球で幸福に生きつづけるための「持続可能な発展（Sustainable Development）」を目指し、2003（平成15）年「環境の保全のための意欲の推進及び環境教育の推進に関する法律」が制定されました（2011年（平成23年）6月、改正法制定。2012（平成24）年10月1日施行）。「環境保全活動・環境教育推進法」という略称で呼ばれることもあります。

　第9条の第1項に注目してみると、「国、都道府県及び市町村は、国民が、幼児期からその発達段階に応じ、あらゆる機会を通じて環境の保全についての理解と関心を深めることができるよう、学校教育及び社会教育における環境教育の推進に必要な施策を講ずるものとする」とあります。つまり、年齢や立場に合わせた環境教育をしていきましょう、ということが書かれています。

　さらに第2項では、「学校教育において各教科その他の教育活動を通じて発達段階に応じた体系的な環境教育を行うことを促進するため」の「教育職員の研修の内容の充実その他の環境教育に係る教育職員の資質の向上のための措置」などが明記されています。

　みなさんは保育者として環境教育の充実のために勉強をしつづけることが大切だということです。これからの保育は、環境教育を意識しながら臨

むことが求められているようにも私は思います。

　では、どのように幼児期の環境教育を進めたらよいのでしょうか。

1.「生活のなかで感性を育てること」を意識する

　とくに自然に対する感性を育てることが大切です。そのためには、園庭や公園、お散歩コース、土手など身近な自然を利用し、"五感"を使った活動を取り入れてみましょう。五感を研ぎ澄ますことが感性を育みます。

　科学的な見方や考え方は、感性が基礎となります。そして、科学的な見方や考え方が、社会や環境に対して適切な判断を可能とするのです。(→65〜67ページを体験してみましょう。)

2.「つながりに気づく活動」を積み重ねる

　人と人とのつながり、人と自然とのつながり、自然と自然とのつながり、自然と社会とのつながり。私たちはそのなかで生きています。

　もう少し具体的に考えてみましょう。一つは"生命の継承"。もう一つは"食物連鎖"です。たとえば、オタマジャクシ→カエル→卵→オタマジャクシ→……。すべての生物は、命をつないでいます。一方、カエルは昆虫を食べます。また、カエルはヘビに食べられます。「食う・食われる」という関係です。(→118ページを体験してみましょう。)

3.「子どもの気づきをうながすコミュニケーション」を大切にする

　子どもは身近な大人との会話のなかで知識を増やし、考えをまとめていきます。言葉や体を使って表現のやりとりを増やすことでコミュニケーション能力を高めていくことができます。また、考えるような問いかけも大切ですね。

　たとえば、「オタマジャクシの手や足はどんなふうに生えてくるのかな？みんなでオタマジャクシになってみよう」などと、振りかえりの活動として身体表現を取り入れてみることで、オタマジャクシへの気づきを深めていきます。(→10〜11ページを参考にしましょう。)

　これら3つのことを意識しながら、子どもの体験と気づきをつなぐ手助けをしていきましょう。また、みなさん自身が子どもたちと一緒に遊びや活動を楽しむことが重要です。

学生の実習録より

「おたまじゃくしになりきって遊ぼう！！」 〜本時までの流れ〜

6／9（水）　放課後、園の近くの田んぼへ、おたまじゃくしを捕りに行きました。歩きコース沿いの田んぼの為、この時期多くの子どもたちが、おたまじゃくしを目にします。

6／10（木）「おたまじゃくしとの出会い」
　　　　　朝、保育室の真ん中に、おたまじゃくしを置いておくと周りに集まって、興味津々に虫カゴを覗く子どもたち。歩きコース（田んぼを通る）の年長さんから「おたまじゃくしは手足が生えてカエルになること」を聞いた子どもが、クラスの子に広める姿が見られました。

6／14（月）　「おたまじゃくしのお面作り」
　　　　　朝の自由遊び中、保育室にお面作りコーナーを設定しました。支度の終わった子から、順に好きなクレパスで思い思いに顔を描き、お面を作りました。

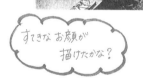

6／15（火）　「おたまじゃくしに足が生えたよ」
　　　　　年長さんからもらった、足の生えたおたまじゃくしを別の虫カゴに入れて置いておきました。「何か変わったところ、ある？」と聞いてみるとじーっと観察し、虫カゴを下から覗くと「足が生えてる！」小さな足を発見！！帰りにもう一度みんなの前で紹介しました。

6／16（水）　「おたまじゃくしのお面に色をつけよう（はじき絵）」
　　　　　朝の自由遊び中に黒い絵の具でおたまじゃくしに色をつけました。又、足が生えたおたまじゃくしを見て、体で表現をする子もいました。

※この学生は「本時」と書いてありますが、「部分責任実習」のことを指します。

ESD for 2030

ESD とは

　ESD（Education for Sustainable Development）という言葉を初めて聞いた人も多いと思います。文部科学省の日本ユネスコ国内委員会では、ESDを「持続可能な開発のための教育」と訳し、今、世界で起こっている「環境、貧困、人権、平和、開発といった様々な課題を自らの問題として捉え、身近なところから取り組む（think globally, act locally）ことにより、それらの課題の解決につながる新たな価値観や行動を生み出すこと、そしてそれによって持続可能な社会を創造していくことをめざす学習や活動」としています。

持続可能な開発とは

　前述のワンガリ・マータイさんの「グリーンベルト運動（以下、GBM）」をもう少し掘り下げてみてみましょう。この運動は、砂漠化の進行を食い止める環境保全活動だけではなく、根底には貧困や人権、持続可能な開発という考え方がありました。

　マータイさんはケニア出身ですが、多くの発展途上国の農村部人口の90％以上が貧しく、家庭での炊事には入手しやすい薪を燃料として使用することが多いそうです。しかし、居住地周辺の薪がなくなれば、女性たちは遠くまで薪を拾いにいかなければなりません。その結果、薪拾いが行われる森の生態系が徐々に破壊されていくという現実がありました。

　そこで、GBMの植林プロジェクトでは、木を1本切るごとに2本の苗木を植えることとしました。さらに、村落付近に様々な種類の木を植えて生態系を保護すると同時に、果樹を栽培して人々の食事内容の向上にも寄与

しました。

　プロジェクトにかかわる女性グループは苗木を地域住民に無料で配布して、苗木が無事に育っているかどうかを確認するアフターケアを行いました。この作業の報酬として、GBM は3ヵ月後も無事に育っているものをすべて買い取りました。こうして女性グループは収入を得ることが可能となり、植林した地域住民は薪が増え、生活の向上につながっていったそうです。

　そして、GBM は村の女性たちに収入をもたらしただけでなく、環境に対する若い世代の意識を高める活動、人々に力を与える草の根レベルの活動なども行い、持続可能な社会づくりを行っていきました。

　生活の向上、女性の自立、教育など地域を包括してとらえ、システムをつくっていくことで環境保全も成立します。かつては日本でも山から木を切り出し、家を立てていました。その後、苗木を植えて、次の世代が家を建てるときのために準備をしていたといいます。

　ここでいう「持続可能」とは、今、自分たちのまわりのことだけではなく、未来の人々や地球も今のように暮らせるということであり、「開発」とは、みんなが安心して自分の能力を十分に発揮しながら、継続して暮らせるようにすることだと考えてよいでしょう。つまり、持続可能な開発とは、次の世代のための環境や資源を壊さずに生活をより良い状態にすることです。

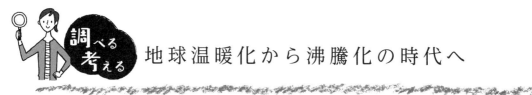

調べる 考える　地球温暖化から沸騰化の時代へ

　近年の猛暑や大規模な水害について、みなさんの体験やインターネットでの情報などから、グループで話してみましょう。子どもの頃と比較してどのように変化していますか。

　「地球温暖化」という言葉は聞いたことがあると思いますが、もはや「他人事(ひとごと)」ではないと実感されているのではないでしょうか。2023年7月、国連のグテーレス事務総長は「地球温暖化の時代は終わりました。地球沸騰化の時代が到来したのです」と発言しています。

　「地球変動適応情報プラットフォーム」の子ども向けサイト「A-PLAT KIDS」を参考にしながら、問いに答えてみましょう。子ども向けサイトですが、気象庁や農林水産省、国土地理院などのデータをもとに編集されており、詳しく知りたい場合は元のデータにアクセスすることも可能です。

https://adaptation-platform.nies.go.jp/everyone/school/note/01.html

①世界の年平均気温は、過去100年で＿＿＿＿＿＿℃上がっている。
②日本の年平均気温は、過去100年で＿＿＿＿＿＿℃上がっている。
③気候変動とは

| |
| |

④気候変動の「影響」は、「食」「健康」「気象災害」など、すでに現れています。こちらのサイトでは3つの分野の「影響」と「適応」を解説しています。表にまとめてみましょう。

	影響	適応
食		
健康		
気象災害		

2015年、COP21で採択された「パリ協定」で、世界の平均気温の上昇を産業革命前と比べて2度未満に保ち、できれば1.5度以内に抑えることを目標としました。2度を超えたと仮定すると、洪水では対策をとらなければ被害が最大2倍に増加する、食糧危機のリスクが増すともいわれています。

24時間営業のコンビニや個別宅配について、メリットとデメリットをグループで話し合って、考えたことをまとめてみましょう。

```
┌─────────────────────────────────────────────────┐
│                                                 │
│                                                 │
│                                                 │
│                                                 │
│                                                 │
└─────────────────────────────────────────────────┘
```

　環境だけの問題ではなく、経済や社会との関係の中で考えていかなければならない問題がたくさんあるのではないでしょうか。

 # 2030年はどのような社会になっているのか

　みなさんは2030年、何歳になっているでしょうか。

　そして、2030年はどのような社会になっていると思いますか。

　AI（artificial intelligence：人工知能）やロボットなどの先端技術が進み、産業や就業構造の劇的な変化が起こっていると予想されます。また、日本では人口減少と高齢化がさらに進行するといわれています。世界に目を転じると、人口が増加し、資源やエネルギーだけでなく、水や食料が不足するともいわれています（内閣府「2030年展望と改革タスクフォース報告書」2017年）。

　現在の社会に戻ってみると、世界には環境・貧困・人権・開発といった、様々な地球規模での課題があります。地球に存在する人間を含めた命あるものが、未来までその営みを続けていくために、これらの課題を自らの問題としてとらえ、一人一人が自分でできることを考え、実践していくことが求められています。

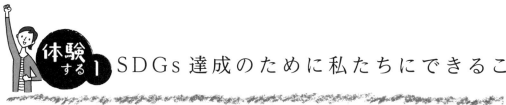

体験する❶　SDGs 達成のために私たちにできること

　国連に加盟するすべての国は、2015 年から 2030 年までに貧困や飢餓、エネルギー、気候変動、平和的社会など、持続可能な開発のための 17 の目標 Sustainable Development Goals（SDGs）を掲げ、その達成に向けて力を尽くしていることは、みなさんご存知かと思います。

① 17 の目標と 169 のターゲットについて、日本ユニセフ協会の Web サイトなどで調べてみましょう。ターゲット 4.7（7 番目の項目）を以下に書き出してみてください。
https://www.unicef.or.jp/kodomo/sdgs/

②「SDGs デジタル絵本 幼児・小学校低学年向き（動画版）」（静岡市立日本平動物園学習プログラム）を視聴し、具体的に自分たちのできることを考えてみましょう。
https://www.nhdzoo.jp/learning_program/index.html

③「SDGs デジタル絵本　小学校高学年から（動画版）」（静岡市立日本平動物園学習プログラム）を視聴し、問題の背景を考えてみましょう。
https://www.nhdzoo.jp/learning_program/index.html

　「SDGs デジタル絵本」の解説は、大日本図書の教授用資料 シリーズ「学校教育と SDGs」Vol.1 〜 4 を参照してください。
https://www.dainippon-tosho.co.jp/newsletter/

SDGs は方向目標であると考えてよいと思います。一人一人が SDGs に向かって少しずつ努力することが今、求められています。17 の目標を見てわかるとおり、持続可能な社会は以下のような特徴をもっています。

持続可能な社会の特徴とは？

人を取り巻く環境に関すること

多様性（いろいろある）
相互性（かかわりあっている）
有限性（限りがある）

人の意思や行動に関すること

公平性（一人一人を大切に）
連携性（力を合わせて）
責任性（責任をもって）

 新しい幼稚園教育要領、学習指導要領における ESD

ESD は、以前より保育内容及び教育内容のなかに盛り込まれていましたが、2017（平成 29）年 3 月に改訂告示された幼稚園教育要領・学習指導要領には新たに前文が示され、「持続可能な社会の創り手」というセンテンスが加わりました。教育要領では以下のように示されています。

これからの幼稚園には、学校教育の始まりとして、こうした教育の目的及び目標の達成を目指しつつ、一人一人の幼児が、将来、自分のよさや可能性を認識するとともに、あらゆる他者を価値のある存在として尊重し、多様な人々と協働しながら様々な社会的変化を乗り越え、豊かな人生を切り拓き、持続可能な社会の創り手となることができるようにするための基礎を培うことが求められる。このために必要な教育の在り方を具体化するのが、各幼稚園において教育の内容等を組織的かつ計画的に組み立てた教育課程である。

幼児教育は環境を通して行うことを基本としていますし、遊びを通して総合的に指導するという点でも ESD と親和性が高いと考えてよいでしょう。

もう少し具体的に考えてみましょう。35ページの砂場で遊ぶ子どもたちと領域の関係が描かれているイラストを見てから、以下のロバート・フルガムのエッセイ『新・人生に必要な知恵はすべて幼稚園の砂場で学んだ』を読んでみましょう。

　何でもみんなで分け合うこと。
　ずるをしないこと。
　人をぶたないこと。
　使ったものは必ずもとのところに戻すこと。
　ちらかしたら自分で後片づけをすること。
　人のものに手を出さないこと。
　誰かを傷つけたら、ごめんなさい、と言うこと。
　食事の前には手を洗うこと。
　トイレに行ったらちゃんと水を流すこと。
　焼きたてのクッキーと冷たいミルクは体にいい。
　釣り合いの取れた生活をすること——毎日、少し勉強し、少し考え、
　少し絵を描き、歌い、踊り、遊び、そして少し働くこと。(pp.23 – 24)

　フルガムは、最後に次のようなことを述べています。

　六歳の子供に、環境汚染や環境破壊の代償と深刻な影響を説明
することは極めてむずかしい。だが、大人が幼稚園の教えを守ら
なかったばかりに、現代社会は大変な犠牲を払っている。ちらか
したら自分で後片づけをすること。使ったものはかならずもとの
ところに戻すこと。人のものに手を出さないこと。いずれも忘れ
てはならない戒めである。(p.29)

　子どもたちが等身大で遊ぶことそのものが社会の縮図であり、そのなかで市民性を身につけていくということです。持続可能な社会の特徴を体験的に学んでいっているといってもよいでしょう。

 # ESD の実践

　ここでは、みなさんに ESD のイメージが伝わるように、ユネスコスクール（ESD のパイロット校）に加盟している静岡市立東豊田こども園の ESD プロジェクトの一つを紹介します。

地域の環境

　東豊田こども園は静岡市の中心部より東に約 4 km の有度山麓に立地し、雑木、竹林、茶畑を主とする自然に恵まれた環境です。園児の通園範囲には陸上競技場、体育館、野球場、サッカー場、動物園、県立大学、県立美術館が点在し、教育・文化・スポーツなどの環境にも恵まれています。近年、JR 東静岡駅が開業して高層マンションができ、急速に地域開発が進んでいます。

地域の課題

　静岡市では管理されていない竹林（放置竹林）が住居周辺まで増殖し、住環境の悪化を招いています。放置竹林は静岡市だけの問題ではないと思いますが、放置竹林内の林床（りんしょう）は植生が貧弱であり、地滑りなどの危険性はもちろん、ヤブ蚊の大量発生による健康被害も考えられます。

 # 竹を活用して、里山を守ろう！プロジェクト

4月　タケノコ掘りとタケノコご飯

　地域の方が所有する山にタケノコ掘りに行きました。5 歳児には、竹の子が小さくてなかなかみつけられない子もいましたが、友達同士で教え合って探し「あった」「こっちに

もっとあるよ」と大喜びです。しか
し、掘りはじめると地面が固かった
り根が深いために深く掘るのが大変
だったようです。掘り出すと見せ合
い喜び合った
り、持ち帰る

のも大切に運んだりしていました。
とってきたタケノコは、その日のうちに皮
をむき、ゆでます。そして翌日、タケノコ
を切り、タケノコご飯をつくり、全園児で
いただきました。

5月　竹粉を使った肥料づくり

　静岡市の家庭系可燃ごみの約41％が野菜くずや食べ残しなど
です（平成24年度）。竹粉を使った肥料づくりを専門家から教え
てもらい、自分たちで毎日竹粉と野菜くずをかき混ぜていくと不
思議とにおいがなくなり、野菜がサラサラの粉に変化したことに
驚きました。このような不思議な体験は子どもたちの心を大きく
揺さぶりました。園庭の花壇や畑で野菜や花を栽培しているので、
竹粉の堆肥を使っていくことで栽培にも興味関心が高まりました。

6月　家族参観日

　5歳児が竹ぽっくりづくりをすることになりました。子どもだ

けでは安全にのこぎりを使うことできないため、親子の共同作業で行います。のこぎりで竹を切ると、竹の粉がたくさん出てきました。子どもたちは堆肥づくりの竹粉を思い出し、「この粉、また使おう」と粉も大切に集めておきました。

　親子でつくった竹ぽっくりは、うれしくて何度も練習して履けるようになりました。

7月　夏祭り

　竹ぽっくり用に切ってきた竹が太くて転がすといい音がしたため、担任は竹太鼓になるのではないかと考え、夏まつりで使うことにしました。夏祭りの準備をしながら竹太鼓を御神輿と一緒に並べておくと5歳児だけではなく3歳児たちもたたいては喜んでいました。夏祭りでも竹太鼓の音が祭りの雰囲気を盛り上げました。

10月　運動会

　5歳児がリズム表現のなかで竹太鼓を使いました。竹太鼓の音が園庭に響き渡り、運動会を盛り上げます。それを見ていた4歳児、3歳児がその迫力に感激し、後日、自分たちも真似して竹太鼓で

遊ぶようになりました。また、竹の長さや太さによって竹の音が違うことに気づき、竹を使った楽器づくりにも発展しつつあります。

園長先生より

多くの経験、体験をしたことで子どもたちの生活が豊かになりつつあります。そして、一つの体験が次の体験に生かされているように思いました。「～をしたことがある」「さわったことがある」などの思いが次の活動の意欲になっていることも実感しました。また、身近にある自然物（今回は竹）を活用することに興味関心が高まり、自分からいろいろな遊びに取り入れるようになっています。

　東豊田こども園では、「竹を活用して、里山を守ろう！」プロジェクトだけでなく、地域のお茶を生かしたプロジェクト、近隣にある静岡ガスのビオトープを活用したプロジェクトなど ESD の理念に基づいたプロジェクトを並行して実践しています。

　ESD は、地域の人、自然、文化・伝統といった地域での活動と園内での活動をクロスさせて実践していきます。地域とのつながり、活動と活動とのつながりを意識することで、2017（平成 29）年 3 月改訂の幼稚園教育要領と幼保連携型認定こども園教育・保育要領で強調されたカリキュラム・マネジメントも実現することができるうえ、領域「環境」に新たに加わった内容「(6) 日常生活の中で、我が国や地域社会における様々な文化や伝統に親しむ」にも通じる活動が可能となります。

　竹を活用した遊びや活動を通して、子どもたちは竹への親しみや地域への愛着を深めていきます。その子どもたちが成長して放置竹林の問題に出会ったとき、持続可能な社会をめざした解決策をみつけていくことでしょう。

第3章

子どもを取り巻く環境の変化

 ## 写真で読む家族の風景

みなさんは衣類を洗濯する際、どのような洗濯機を使っていますか。全自動洗濯機ですか。それともドラム式洗濯乾燥機ですか。二層式洗濯機を知っている人はもう少ないでしょう。

右の写真は 1965（昭和 40）年頃の朝の一コマです。写ってはいませんが、この 2 歳の女の子の母親は洗濯をしています。

当時の洗濯機は二層式洗濯機よりさらに古いタイプで、洗濯槽のみ。脱水は洗濯機の脇についていたローラーでしぼる脱水機を使います。一度に洗える量も多くはありません。また、現在使用している洗剤とは違い洗浄力が弱いので、しつこい汚れはたらいと洗濯板を使って手で洗っていました。

この女の子の家は、父母、祖父母、曾祖母、叔母が二人もいる直系家族です。洗濯にはずいぶん時間がかかったことと思います。ひたすら洗濯をする母親と傍らの子ども。現在では考えられない時間を親も子も過ごしていました。当時の子どもは、自分から身のまわりの環境に働きかけ、楽しさをみつけては遊んでいたのです。

 ## 高度経済成長がもたらしたもの

1960 年代の日本の高度経済成長は、子どもの生活環境に大きな変化をもたらしました。

エネルギーは、石炭から石油へ転換され、工業も軽工業から重工業へ変化しました。合成繊維、プラスチック、家庭電化など技術革新が進み、石油化学コンビナートなど工業施設の大型化と集中化が進行。また、人々の生活のなかに自動車が普及しました。

それに伴い子どもが歩く機会が減少していき、流通も変化してスーパーマーケットなど大型の店舗が進出しはじめました。自由に遊べる空き地や自由に買い物をする駄菓子屋がなくなったのです。

このような豊かな物質社会は、衣・食・住すべてを変化させました。電化製品の普及により女性は家事から解放され、母親の就労が可能となりました。科学技術の発展は、人々の生活を豊かにします。でも失われていく文化もあると思われます。

 ## 食卓の変化と子どもへの影響

冒頭の写真を見ると、「おかあさん」（田中ナナ作詞／中田喜直作曲）という歌を口ずさみたくなります。みなさんは知っていますか。1番の歌詞は「おかあさん　なあに　おかあさんて　いいにおい　せんたくしていたにおいでしょ　しゃぼんのあわの　においでしょ」です。

さて、現代のお母さんはどうでしょうか。子どもがこの歌のイメージを実際の生活と結びつけてふくらませることができるかどうかは疑問です。

2番の歌詞は「おかあさん　なあに　おかあさんて　いいにおい　おりょうりしていた　においでしょ　たまごやきの　においでしょ」です。この歌は、子どもから見た母親のイメージをにおいで表現していますね。子どもは五感をフルに活用して生活しているのです。

ところで、みなさんは週に何回か外食をしたり、コンビニエンスストアでお弁当を買ったりするでしょう。私もその便利さに甘んじている一人です。しかし、1970（昭和45）年まで、大部分の人々にとって外食はハレの行事だったと思われます。

1970（昭和45）年にファミリーレストラン「スカイラーク（現すかいらーく）」の1号店がオープン、大阪万博には「ケンタッキーフライドチキン」

JASRAC　出 1109984-101

が出店しました。それ以降、ファミリーレストランやファーストフードの大規模なチェーン展開が広がっていきました。この頃からマスコミで「外食産業」という言葉が使われはじめたともいわれています。簡単に手頃な価格で食べられるということで、外食は人々にとって日常化していきました。

　また、近年では「内食」「中食」という新しい言葉も耳にする機会が多くなりました。「内食」とは、外食に対し家庭でつくった手料理を指す言葉です。「中食」はその中間にあたる食事を意味する言葉です。中食は、具体的にはスーパーマーケットやコンビニエンスストアの惣菜や弁当などを指します。

　家庭の食事の風景も様変わりしてきています。このような食生活の変化は子どもの生活にも浸透し、子どもの肥満傾向という問題をもたらすこととなりました。

 ## 増える核家族世帯

　「我が国の世帯規模は、縮小の一途をたどっている」と「平成13年版 厚生労働白書」では、家族形態の変化が指摘されています。たしかにグラフを見ると、1960（昭和35）年から2000（平成12）年の40年間に世帯数は約2倍になっています。一方、1世帯当たりの世帯人員は、4.16人から2.69人にまで減少しています。また、全体の半数以上が一人世帯と二人世帯によって占められているのが現状です。

　三世代世帯を中心とする「その他の親族世帯」の世帯数は、この40年間で数のうえではほとんど変化はありませんが、全一般世帯数に占める割合は減少しています。一方、核家族の世帯数は2倍以上に増加しました。また、その一般世帯数に占める割合は1980（昭和55）年までは増加傾向でしたが、その後、減少傾向を示しています。

　つまり、冒頭のような直系家族世帯は、年々減少してきたということです。8人の家族のなかでは、食事をするにしても入浴するにしても、時間に従ったり譲りあったりするなど、家庭のなかでも暗黙のルールがあり、幼い子どもでもそれに従わなければなりませんでした。

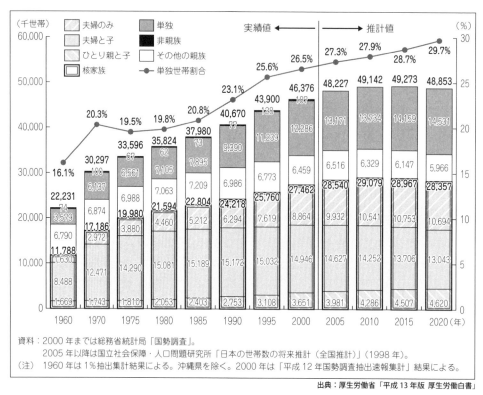

家族類型別一般世帯数および核家族世帯割合の推移

資料：2000年までは総務省統計局「国勢調査」。
　　　2005年以降は国立社会保障・人口問題研究所「日本の世帯数の将来推計（全国推計）」（1998年）。
（注）　1960年は1%抽出集計結果による。沖縄県を除く。2000年は「平成12年国勢調査抽出速報集計」結果による。

出典：厚生労働省「平成13年版 厚生労働白書」

　比べて現在では、つねに子ども中心の生活を営む核家族世帯が多くなりました。そのため家庭のなかで人とのかかわり方を学んだり、ルールに従ったり、時には我慢をしたりするという経験が希薄になってきています。

 ## 歩かなくなった子どもたち

　1950年代後半の「三種の神器」といえば、白黒テレビ・洗濯機・冷蔵庫の電化製品でした。これら3品目家電は努力すれば手に届く商品であり、新しい時代の象徴となっていました。

　さらに1960年代半ばには、「新・三種の神器」としてカラーテレビ、クーラー、自動車の3種類の耐久消費財が宣伝されるようになりました。これらは頭文字をとって「3C」とも呼ばれ、人々の生活のなかに浸透していきま

した。

　総務省の「平成21年 主要耐久消費財の所有状況」によると、2009（平成21）年の調査では、1000世帯（二人以上の世帯）あたりの自動車の所有数量は1,414台（普及率85.5%）となっていました。つまり、855世帯に自動車があり、2台以上保有している世帯もあるということです。

　現在、とくに私立幼稚園の多くでは、園バス（スクールバス）を運行しています。実は園バスは、給食や預かり保育とともに園児獲得の主役となっているともいわれています。遠方から通園してくる園児と保護者にとってみれば、とても便利なサービスです。園バスに乗っている時間、先生や友達と家で起きた出来事を話したりするなど、コミュニケーションを深めるといったプラス面での見方もあります。

　しかし、体力・交通安全への意識、親子のコミュニケーションの経験などは、徒歩で通園している園児に比べて乏しいのではないかと思います。つまり、歩くことでしか得られない地域の人々とのかかわり、社会事象や自然現象と出会う経験が、現代の子どもたちには少なくなってきているのです。

　ここで、5歳児の徒歩登園場面での様子を見てみましょう。

10月　雨

　「すべりやすいんだよね」。新しいコンクリート製の側溝のふたが滑りやすいことに気づき、アスファルトの路面を歩く。昨晩見た、高齢者の転倒事故についての報道番組を思い出したのだろう。「そうだね。昨日テレビでやっていたね」と母親が応える。

　しばらく歩くと、どぶにドングリが落ちていた。突然「ドングリ、ころころ～」と歌いだす。道路の様子を見ては、「まえは、白いせんがかい

てあったね」「どうろがひびわれ
ている」と、思ったことを口にする。

電柱の片側が濡れていないこと
に気づき、「どうして？」とつぶ
やく。「どうして、そこだけ雨に
濡れていないんだろうね」と母親
が言うと、「かぜがふいていたか
らかな」と自分なりに理由を考え
た。

里芋畑が見えてきた。里芋の葉の上に気持ちよさそうに動いて
いる水滴を黙って見ている。そして、足下の金属製の側溝のふた
を見て、「ここもすべりやすい」と言い、歩き出す。

ブロック塀の下も濡れていないことに気づき、「どうして？」と
聞く。「どうしてかな」と母親。最後に、保育園の門の付近も濡れ
ていないことに気づく。

子どもが新しく出会う人や物、社会事象、自然現象などとの出会いから、
自分のもっている知識を統合し、新たな知識を生み出そうとしている姿を
見ることができます。

まず、前日に見たテレビの情報を自分の生活に取り入れようとしている
ことがわかります。この場合、水がかかると滑りやすくなる物の性質の変
化について、テレビからの情報と自分の身のまわりの物とを関連づけよう
としています。つまり、子どもは自分の経験に照らし合わせながら、出会っ
た人や物、社会、自然をとらえようとするのです。

また、毎日歩く道だからこそ微妙な変化に気づき、立ち止まり考えるの
でしょう。さらに、そこに親しい大人がいることで気づきを言語化し、再
び自分のなかに取り入れていくのです。

ごっこ遊びのなかで学ぶ

　女の子の写真が撮られた 1965（昭和 40）年頃といえば、高度経済成長の
まっただ中で、「三種の神器」である白黒テレビ、洗濯機、冷蔵庫はすでにあっ
たものと思われます。豊かになりつつある時代でした。子どものおもちゃ
も、ある程度はありました。しかし、現在のように豊富にあるわけではなく、
それなりに子ども自身が工夫して遊ばなければなりませんでした。

　たとえば、空き箱にひもをつけてバッグに見立てて遊んだり、大きめの
木製の箱を車に見立てて遊んだりするなど、身近にあるものを使わざるを
えない状況にありました。

　このように、子どもは実物と物とのあいだに、何らかの共通性をみつけ
て遊ぶことを楽しんでいました。この工夫して遊ばざるをえない状況が知
的発達をうながすのです。

　また、既製品のおもちゃからも子どもの遊びの変化を読みとることがで
きます。たとえば、昭和 30 年代頃に販売されていた「電車かばん」で考え
てみましょう。紙製のカバンの中には、切符、パンチ、笛、腕章、帽子な
どが入っていました。電車ごっこをするための道具です。

　みなさんは、駅でどのようにして切符を手に入れますか。出札係の駅員
さんから買いますか、それとも自動券売機ですか。また、改札は自動改札
ですか。今では、切符に代わりカードをかざすだけかもしれませんね。以
前は、改札にも駅員さんがいて、改札鋏といわれるパンチのようなもので
入鋏してもらってホームに出ました。

　もうお気づきかと思いますが、以前は人がしていた仕事を機械が行って

いるのです。無人運転を採用している新交通システムや地下鉄もあります。運転手すらいないのです。これでは現代の子どもたちが電車ごっこをするのは難しいですね。銀行ごっこなども同じです。

　ごっこ遊びは、子どもたちの発達にとって非常に大切な遊びです。なぜなら、ごっこ遊びを通して社会のしくみや文化を知り、他者の立場から自分を見たりすることができるようになっていくからです。

 # 子どもと大人のボーダレス化

　子どもの遊びや生活は、消費材の変化と連動しています。とくに、子どもの遊びや生活のターニングポイントにかかわる消費材として、テレビとゲーム機があげられます。

　テレビは、1959（昭和34）年の皇太子（現在の天皇陛下）のご成婚を機に、NHK受信契約者数が198万人から414万人へ一気に増え、民間テレビ局も続々開局、本格的なテレビ時代を迎えました。

　その後、テレビは子どもの生活や遊びを大きく変化させていきます。メディアミックス商戦により、子どもを取り巻くおもちゃやお菓子、そして遊びが変容しました。

　メディアミックス商戦について、もう少し説明しましょう。

　多くのアニメ番組の提供スポンサーは大手菓子メーカーでした。たとえば、ある菓子メーカーがチョコレート菓子にキャラクターのシールをつけることにより、その製品を売り込みます。すると、ほかのアニメ番組も同様に、アニメとともに各スポンサー企業の商品情報を子どもたちに届け、相乗効果をねらうといった具合です。このメディアミックス商戦はさらにエスカレートし、キャラクターグッズを売り込むためにアニメ番組が制作されるようになっていきました。

　1983（昭和58）年、任天堂が「ファミリーコンピュータ（ファミコン）」を、またセガ・エンタープライゼス（現セガ）が「セガSG1000」を発売しました。アーケードゲーム（ゲームセンターや遊園地などにある業務用ゲーム機）

に匹敵する機能をもつ、これら低価格の据え置き型ゲーム機は販売台数を伸ばしました。

　さらに、1989（平成元）年に任天堂の携帯型ゲーム機「ゲームボーイ」が発売されると、子どもの遊びは一気に変化していきます。

　据え置き型ゲーム機は家族と遊んだり、友達の自宅でみんなで遊んだり、ゲーム機を介して人とかかわりながら遊ぶ姿が見られました。しかし、携帯型ゲーム機は、ゲームもソフトもたいてい一人で独占するため、ほかの人とコミュニケーションを楽しみながら遊ぶということが少ないと思われます。

　また、1997（平成9）年には、バンダイの「たまごっち」ブームが起きました。たまごっちは比較的低価格で操作も簡単なため、幼児期の子どもの遊びや生活のなかにも入り込んでいきました。

　このように、子どもの遊びや生活は、つねに消費材の変化と連動しています。テレビは、子どもの生活時間を一変させるだけでなく、遊びや消費動向に大きく影響を与えてきました。一方、ゲーム機は発売以来、大人も巻き込みながら消費を拡大していったといってよいでしょう。

　そして、おもちゃだけではなく、すべての生活場面において、子どもと大人のボーダレス化が進んでいったと考えています。「子どもの大人化」「大人の子ども化」が進み、子どもの文化はいつしか消え、食事、ファッション、情報など消費に裏づけられた生活が子どものなかに浸透していきました。「大きくなったら、○○ができる」「大きくなったら、○○を買おう」といった大きくなることへの憧れや期待が、子どものなかから喪失していきました。

親のねがいの問題点

　遊びは、子どもの身体的発達、社会的知識、対人的知識、物的知識などの獲得をうながすものです。しかし、遊びのなかで身につけていく知識は、「できる・できない」を問うようなものではなく、すぐに結果が出るものでもありません。

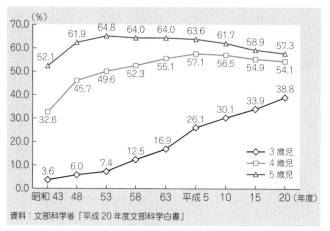

資料：文部科学省「平成20年度文部科学白書」

幼稚園就園率の推移

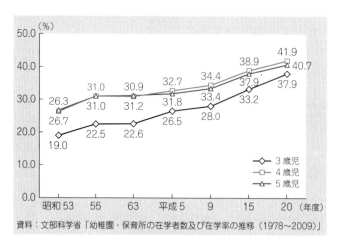

資料：文部科学省「幼稚園・保育所の在学者数及び在学率の推移（1978〜2009）」

保育所在学率の推移

　多くの大人は遊びの重要性を認識していながらも、わかりやすい結果を求めたがる傾向にあります。とくに最近では「お受験」という言葉が象徴するように、少しでも早く字を書いたり、計算をしたりするスキルを身につけてほしい親のねがいを反映し、塾や幼児教室など各種教育産業をはじめ、子どもを市場とする産業が増加しました。

　ほぼ100％の子どもが就学前に幼稚園または保育所に通っている現在、様々な変化や問題点について、教育機関が果たす社会的責任は大きく重要なものとなってきたのです。

ねらい及び内容について

 幼稚園教育要領・保育所保育指針・幼保連携型認定こども園教育・保育要領の基本

　幼稚園教育要領（以下、教育要領）、保育所保育指針（以下、保育指針）、幼保連携型認定こども園教育・保育要領（以下、教育・保育要領）は、子どもの発達の特性に基づいて組み立てられています。『幼稚園教育要領解説』では次のように子どもの発達特性をとらえています。

> 　一般に、幼児期は自分の生活を離れて知識や技能を一方向的に教えられて身に付けていく時期ではなく、生活の中で自分の興味や欲求に基づいた直接的・具体的な体験を通して、この時期にふさわしい生活を営むために必要なことが培われる時期であることが知られている。(p.28)

　子どもの興味とは無関係に効率よく物事を教えていくよりも、子ども自身が興味や関心、必要感（p.158、161参照）に基づき環境に働きかけ、発達に必要なものを獲得していくほうが子どもの発達に合っているということです。つまり、「好奇心が旺盛である」という子どもの発達の特性を最大限に生かした教育を行っていこうとしているのです。

　小学校以上の学習指導要領は、背景となる学問分野の系統性に従って組み立てられています。言いかえると、小学校以上の教科は子どもの発達に合わせ、順を追って学習内容が並べられています。

　一方、教育要領、保育指針、教育・保育要領は子どもの発達そのものを中核とする教育なのです。この考えに基づき、教育要領・保育指針には「環境を通して行うこと」と明示されています。

　さらに、教育要領では重視する事項として、以下の3つをあげています。
（1）幼児期にふさわしい生活が展開されるようにすること。
（2）遊びを通しての総合的な指導をすること。

（3）一人一人の発達の特性に応じた指導をすること。

　言いかえると、幼児教育は、子ども本来の生活を保障することが大切です。また、そのなかで子どもが意欲をもって活動できるように、保育者は環境を整えることが大切なのです。

 ## ねらいと内容の考え方

　教育要領では、「ねらい」について「幼稚園教育において育みたい資質・能力を幼児の生活する姿から捉えたもの」としています。

　では、幼児教育において育みたいものとはなんでしょう？　幼稚園教育要領では、以下の3つを資質・能力としてあげており、遊びを通した総合的な指導の中で一体的に育むように努めるものとするとしています。

知識及び技能の基礎

　豊かな体験を通じて子どもが自ら感じたり、気づいたり、わかったりできるようになったりすること。

思考力、判断力、表現力等の基礎

　気づいたことや、できるようになったことなどを使い、考えたり、試したり、工夫したり、表現したりすること。

学びに向かう力、人間性等

　心情、意欲、態度が育つ中で、より良い生活を営もうとすること。

　「内容」について、教育要領では、「ねらいを達成するために指導する事項」としています。さらに、ねらいと内容について『幼稚園教育要領解説』では次のように解説しています。

> 各領域に示されている「ねらい」は幼稚園生活の全体を通して幼児が様々な体験を積み重ねる中で相互に関連をもちながら次第に達成に向かうものであり、「内容」は幼児が環境に関わって展開する具体的な活動を通して総合的に指導されなければならないものである。(p.143)

　つまり、「『ねらい』は保育者が持つ具体的な目標であり、『内容』は子どもの生活から見た目標」〔中沢　1990〕なのです。

5つの領域

「ねらい」と「内容」は、子どもの発達の側面から5つの領域に分けられています。

感性と表現に関する領域
「表現」

心身の健康に関する領域
「健康」

言葉の獲得に関する領域
「言葉」

人とのかかわりに関する領域
「人間関係」

身近な環境とのかかわりに関する領域
「環境」

指導の視点としての領域

子どもの発達は、様々な側面がからみ合って相互に影響しながら遂げられていくものです。前ページの図の中に砂遊びが好きな男の子がいますが、この子の発達の過程をそれぞれの領域からとらえていくということです。言いかえれば、領域は「発達をみる窓口」といってもよいでしょう。

たとえば領域「健康」には、「（1）明るく伸び伸びと行動し、充実感を味わう」という項目がねらいの一つにあります。このねらいと照らし合わせて、この子の発達の状況はどうでしょうか。

このように各領域のねらいと照らし合わせながら、一人の発達の課題をとらえていきます。その際、子どもの発達は様々な側面がからみ合って影響を与え合いながら遂げられていくことを忘れてはいけません。つまり、子どもの発達はそれぞれの領域が単独で存在するのではなく、相互に関連し発達していくわけです。

そのなかでも領域「環境」は、子どもの遊びや生活を具体的に実現していく視点となります。ということは、領域「環境」はほかの領域すべての

土台とも言え、乳幼児教育の基本である「環境を通して行う教育」を実現するために中心的な役割を果たすものなのです。

領域「環境」がめざすもの

　領域「環境」は「周囲の様々な環境に好奇心や探究心をもって関わり、それらを生活に取り入れていこうとする力を養う」領域です。

　教育要領及び保育指針の領域「環境」は巻末に示してありますが、その「ねらい」をみると、領域「環境」では「物」「自然」「生物」「数量・文字」などを重視していることがわかります。

　また、それらについて、大人が知識を教えるのではなく、子ども自身が興味や関心に基づき、発見したり、考えたり、活用したりすること、五感で感じとることを大切にしています。

　ここでは教育要領の「内容の取扱い」を取り上げ、領域「環境」について考えてみたいと思います。

内容の取扱い

　　上記の取扱いに当たっては、次の事項に留意する必要がある。

（1）幼児が、遊びの中で周囲の環境と関わり、次第に周囲の世界に好奇心を抱き、その意味や操作の仕方に関心をもち、物事の法則性に気付き、自分なりに考えることができるようになる過程を大切にすること。また、他の幼児の考えなどに触れて新しい考えを生み出す喜びや楽しさを味わい、自分の考えをよりよいものにしようとする気持ちが育つようにすること。

（2）幼児期において自然のもつ意味は大きく、自然の大きさ、美しさ、不思議さなどに直接触れる体験を通して、幼児の心が安らぎ、豊かな感情、好奇心、思考力、表現力の基礎が培われることを踏まえ、幼児が自然との関わりを深めることができるよう工夫すること。

（3）身近な事象や動植物に対する感動を伝え合い、共感し合うことなどを通して自分から関わろうとする意欲を育てるとともに、様々な関わり方を通してそれらに対する親しみや畏敬の念、生命を大切にする気持ち、公共心、探究心などが養われるようにすること。

（4）文化や伝統に親しむ際には、正月や節句など我が国の伝統的な行事、国歌、唱歌、わらべうたや我が国の伝統的な遊びに親しんだり、異なる文化に触れる活動に親しんだりすることを通じて、社会とのつながりの意識や国際理解の意識の芽生え

などが養われるようにすること。
（5）数量や文字などに関しては、日常生活の中で幼児自身の必要感に基づく体験を大
　　切にし、数量や文字などに関する興味や関心、感覚が養われるようにすること。

　子どもは内から湧き出てくる好奇心に従い、環境とかかわりながら自ら
学んでいきます。保育者は子どもの発達に必要な環境をつくり出していく
わけですが、具体的な日常生活と保育活動の内容を結びつけることが必要
です。その基本となる考え方が教育要領の「内容の取扱い」だといってよ
いでしょう。『幼稚園教育要領解説』には、「内容の取扱い」について次の
ように書かれています。

　領域の「ねらい」と「内容」の取扱いに当たっては、このような幼稚園教育における「領
域」の性格とともに、領域の冒頭に示している領域の意義付けを理解し、各領域の「内
容の取扱い」を踏まえ、幼児の発達を踏まえた適切な指導が行われるようにしなけれ
ばならない。(p.143)

　したがって、適切な指導を行うためには、「内容の取扱い」を理解しなけ
ればならないわけです。しかし、「内容の取扱い」には具体的なことが書か
れておらず、抽象的な言葉でまとめられています。たとえば「内容の取扱い」
に“物事の法則性に気付き”という文言がありますが、具体的な日常生活
ではどのようなことをイメージしたらよいのでしょうか。
　本書「第2部　学びのポートフォリオ」では、教育要領の「内容」（1）〜
（11）（内容（6）（12）を除く）や「内容の取扱い」に示されていることを、
具体的に日常生活のなかで考えていくための体験活動を提案していきます。
まずは、日常生活のなかではどのようなことをイメージしたらよいのか、
体験してみましょう。
　そして、「第3部　教材を研究し、指導計画をつくる」では、第2部で
体験した素材や気づきをもとに、具体的に子どもの姿をイメージしながら
環境構成や直接的な援助を「指導計画」として作成していきます。つまり、
体験した素材を教材化していくのです。
　“体験”は具体的に体で感じることです。そして体験からの学びを総括し
一般化することで“体験”が“経験”になることを願っています。

園の環境

 ## 子どもを主体とする環境

　みなさんは最近、幼稚園や保育所を訪れたことがありますか。みなさんの通っている大学や短大の施設とどこが違いましたか。

　私は学生時代、実習前に保育時間外の幼稚園を訪問したとき、本当に驚きました。小人の世界に紛れ込んだかと思いました。机や椅子などが小さくて、とくにトイレの洋式便器を見たときの感動は今でも覚えています。現在ではデパートなどで子ども用の洋式便器もよく見かけますが、当時は非常に珍しかったと思います。また、手洗い場のシンクが非常に低く、鏡も低い位置に設置されており、鏡を見るためには膝を屈伸させる必要がありました。

　普通の家庭では、住居の設備は大人の背丈に合わせてつくられています。大人はそれが当然だと思っていますが、子どもの身になってみると、手を洗うときも水を飲むときも大人の手助けを求めなければなりません。

　では、なぜ園の設備は子どものサイズに合わせられているのでしょうか。

　それは子どもが自分でしたいと思うことを、できるだけ自分で実行できるようにつくられているためです。言いかえれば、子どものサイズに合わせた環境を準備することによって、自分でできることを増やし、やろうとする意欲を引き出せるようにしてあるのです。

　現在では当たり前のことですが、マリア・モンテッソーリ（Maria Montessori）が世界で初めて子どもサイズの家具を子どもに与えたといわれています。イタリアの最初の女医であり、教育者でもあったモンテッソーリは、子どもに本来備わっている人間としての可能性を引き出そうと、「子どもの家」を開設したことでも有名です。つまり、子どもの意欲や可能性を引き出すために、園では子どもを主体とした環境をつくっているのです。

環境がもつ可能性 ── アフォーダンス

　鏡や水道の高さ、トイレなどは、非常にわかりやすい一例ですが、園では室内の物の配置や取り扱い方など、有形無形の環境の要素が子どもの意欲や行動に影響します。

　たとえば、道路の車道と歩道のあいだにある縁石の上を歩いてみたくなることがありませんか。危ないのでしてはいけないことですが、時々歩いている子どもや大人も見かけます。

　この無意識のうちに"ついつい○○したくなる"感覚をアメリカの知覚心理学者ジェームス・ギブソン（James.J.Gibson）は、「アフォーダンス（affordance）」という用語を使い説明しています。

　「アフォーダンス」は、「アフォード（afford）：〜する余裕がある、〜を与える」という動詞をもとにしてつくった造語です。縁石があったとしてもその上を歩かなくともよいのですが、その上を歩きたくなるような要素が縁石にはあるのです。

　佐々木[1994]は、「アフォーダンスとは、環境が動物に提供する『価値』のことである。アフォーダンスとは良いものであれ、悪いものであれ、環境が動物に与えるために備えているものである」と述べています。

　まわりを見回してみましょう。もしそこに、座り心地の良さそうなソファーがあったとします。あなたは座ってみたいと思いませんか。ソファーは、座ることができる（アフォードする）ようにつくられているのです。ソファーの本質は「座る」アフォーダンスといってよいでしょう。つまり、ソファーは座るという価値をみなさんに与えているのです。

　別の視点から考えてみましょう。たとえば、ペットボトルがもっているアフォーダンスを考えてみます。ペットボトルは、液体を運ぶことができますね。枕にもなります。ボウリングのピンになります。計量することができます。水に浮かべることもできます。

　このように、すべての環境はアフォーダンスを備えています。つまり、環境には様々な可能性があり、そのなかに学びがあるのです。

　では、もう一歩、保育に近づけて考えてみます。次ページの写真を見て

ください。

　園庭にラインを引いてお
きました。子どもたちはそ
のラインに沿って走ってい
ます。そのうち、ヘビジャ
ンケンが始まりました。こ
のように、環境に潜んでい
るアフォーダンスを生かし
ながら保育をしていくこと
が大切です。

環境の構成と保育者の役割

　『幼稚園教育要領解説』では、「環境を通して行う教育は、幼児の主体性
と教師の意図がバランスよく絡み合って成り立つものである」（p.29）と書
かれています。いったいどのように環境の構成を行えばよいのでしょうか。

　まずは、やりたくなるような状況をつくることが大切です。先ほどの写
真のようにラインを1本引いておくだけでよいのです。ここでは、紙飛行
機で考えてみましょう。

　登園時、紙飛行機をさりげなく子どもの目につくところに置いておきま
す。すると、一人の子どもが飛ばしはじめ、そこから遊びが始まります。
ほかの子も飛ばしてみたいと言い出すかもしれません。最初に飛ばしてい
た子が自分の紙飛行機をつくりたいと言うかもしれません。保育者が「○
○君、楽しそうだね」と、やり始めた子の様子を言葉にするかもしれません。

　このように、子どもの主体性を引き出すような環境の構成を行っていき
ます。子どもの興味や関心とは無関係に、保育者による「さあ、今日は紙
飛行機をつくりますよ」の声かけで活動が始まるわけではありません。保
育者は子どもたちに経験してほしい文化を環境のなかに潜ませておくので
す。「こんなおもしろいことがあるよ」ということを間接的に知らせるわけ
です。ここでは、さらに「○○君、楽しそうだね」とさりげなく他児の気

づきをうながす言葉もかけています。

　また、子どもの年齢やそれまでの経験によって違いますが、5歳児なら、つくり方の手順を示した掲示と紙飛行機をつくる用紙を工作コーナーに準備しておけば、つくりはじめるでしょう。それぞれの子どもの活動を見極めながら、必要な物や場を用意します。

　たとえば、最初はヤリヒコウキの折り方のみを掲示し、子どもの欲求や様子を見ながら、イカヒコウキ、サンカクヒコウキなどの折り方の掲示を増やしたり、紙飛行機の折り方が書かれている本を置いたりするなど、子どもたちの工夫や経験の幅を広げていきます。また、紙の素材や大きさ、縦横の比率などに変化をつけることもできます。子どもたちは、そのなかで様々な試行錯誤をしていくことでしょう。

　さらに、つくった紙飛行機を飛ばす場所も必要となってきます。子どもたちはどのように遊びたいでしょうか。保育者は子どもの姿を想像しながら、あらかじめ環境の構成を考えておきますが、それ以上に大切なことがあります。それは、子どもとともに飛ばす場所を考えたり、みんなで遊べるようなゲームに発展させたりしていくことです。

　子どもの活動に沿って環境を構成しておくことは、保育者が環境のすべてを準備し、お膳立てをしていくことではありません。子どもたちが自分たちの遊びのイメージに合った状況を自分たちで考え、つくり出し、遊びを展開していくことで、やり遂げたという充実感や満足感を得ることができます。そして、その充実感や満足感が次の活動への意欲につながっていくのです。

第6章

子どもの発達と環境
──誕生から満3歳まで

　この章では、一人の子どもに注目し、満3歳までの発達と環境のかかわりについて述べていきます。満3歳以降については、第2部の各章の説明や事例で紹介していきます。

生理的欲求を満たしてくれる大人

　みなさんは、「生理的早産」という言葉を聞いたことがありますか。アドルフ・ポルトマン（Adolf Portmann）は、哺乳類と人間の行動の比較から、「人間は他の哺乳類と比べ、1年ほど早産である」という人間の特殊性を指摘しました。

　キリンやウマなどの草食動物の出産シーンなどをテレビやビデオで見たことがある人も多いと思いますが、キリンやウマなどは生まれてすぐに立ち上がり、親の乳を求めて歩きはじめます。しかし、人間の赤ちゃんは大人の庇護がないかぎり、生きていくことができません。「他の哺乳類と同じレベルで誕生したと仮定すると、妊娠期間が21ヵ月必要である」とポルトマンは述べ、「生理的早産」と呼んだのです。

　新生児はほとんど乳を飲んで眠るだけの生活が続きますが、空腹だけではなく、衣服の汚れや体温調整など身体内外の生理的欲求は、大人がいなければ満たされることはありません。つまり、新生児期は身辺を清潔に保ち、十分な乳を与えるのが大人のおもな役割です。大人がいなければ生命を維持することはできないのです。

　したがって、新生児期から子どもは大人の存在を感じているようですが、その後、世話をしてくれる、自分を快の状態にしてくれる大人に対して親しみを感じ、信頼感を抱くようになっていきます。

周囲の大人の存在に気づく

１ヵ月を過ぎた頃の子どもです。おもちゃのガラガラを見ています。この頃の子どもは、音の出るおもちゃに興味を示します。もちろん自分で音を出すことはできませんが、近くにいる大人に鳴らしてもらうと心地よいようです。そばに大人がいることを徐々に好むようになってきます。

３ヵ月前後になると、快の状態のときには「クーイング」といって、「ウックン」とのどを鳴らしたり、短くあいまいな母音に近い喃語を立てたりするようになります。

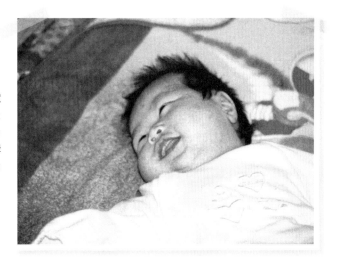

　空腹や衣服の汚れなどの不快な状態のときに泣き、不快を取り除いてもらうと泣きやむだけだった子どもも、３ヵ月前後になると快の状態のとき、クーイングや、大人が近くで視線を合わせると微笑みかえす「３ヵ月微笑」を見せるようになります。こういった子どもの反応に、養育者は子どもへの愛情をいっそう深めていきます。

体の動きが活発に

　1歳までは身体の成長が著しく、3〜4ヵ月でほぼ首がすわり、4〜6ヵ月頃には寝返りがうてるようになります。また、「飛行機ブーン」が得意で、うつぶせのまま両手両足を広げる動作をします。

　「飛行機ブーン」をしている子どもに、「すごい、すごい。飛行機、もう一度やってごらん」と母親が声をかけると、それに反応して、もう一度やっているところです。

　母親は「もう言葉がわかるのかしら」と喜んでいましたが、言葉を理解してリクエストに応えたのではなく、母親の幸せな気持ちを感じとったからだと思います。このように「愛する－愛される」という両者の思いのなかでつながりを深め、信頼関係を築いていくのです。

　「飛行機ブーン」に見られるように、この頃の子どもは手足を非常によく動かします。手指の操作については、物を持つ動きは手のひらと指でわしづかみ段階です。

　音が出るおもちゃを両足でつかんで振って音を出しているところです。寝返りがうてるようになると、移動も可能になります。興味や関心のある場所まで行き、体全体を使って自分なりに物を扱っている様子がわかります。

物への関心が高まる

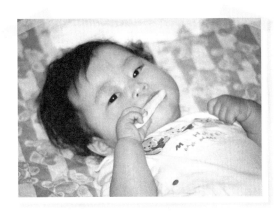

　5〜6ヵ月頃になると、徐々に固形の食べ物を口にするようになります。離乳食だけではなく、唾液でとけるせんべいなども手に握らせると口に持っていきます。固形の食べ物との出会いです。

　6〜8ヵ月頃、一人で座れるようになると、子どもの世界は一気に広がります。周囲の物への関心が高まり、近くにある物を握ってみたり、テーブルをたたいてみたり、お風呂でお湯をたたいてみたりします。ボールや積み木などは、子どもの発達をうながす環境として意図的に大人が用意した物です。

　身のまわりにある大人が使う物にも非常に興味があり、手に取って遊ぶようになります。この写真はうちわを手や足で扱っています。携帯電話なども興味がある道具です。

　大人が想像しないような物にも興味をもちます。テレビの裏側にまとめてあったコードを引っ張りだしてなめています。乳児は何でも口に入れて確かめようとします。危険だったり不衛生な物もたくさんありますので、子どもの健康や安全を考えた環境をつくるとともに、子どもの行動を見守ることが大切です。

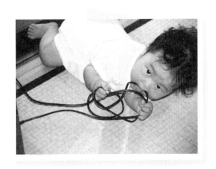

親しい大人への愛着

　7〜8ヵ月頃になると、喃語を使って欲求や拒否、興味のあるものなどを大人に伝えてくるようになります。特定の音声を決まったものに使うようになり、言葉としての性質がはっきりとしてきます。

　生活をともにする大人の語りかけは、イヌを一緒に見たときには「ワンワン、かわいいね」と言い、「おせんべい、食べようね」とおせんべいを持たせるなど、いつも子どもとともに物や事実に沿って行われます。

　このように言葉と事実を結びつけて生活をしていくうちに、言葉がある決まった事実を表現しているということを知っていくのです。この時点では、言葉を話すことはできませんが、少しずつ理解してきているようです。1歳の誕生日を迎える頃には「ママ」「マンマ」などの言葉を発するようになります。

　この頃の子どもは、いろいろな物や人に対して強い愛着を感じるようになってきます。その一つの表れが「人見知り」と呼ばれるものです。多くの子どもは、見慣れない人が抱こうとしたり、顔を近づけてあやそうとしたりすると泣き出すことがあります。強い拒否反応を示すのです。

母親の友達が二人の子どもさんを連れて遊びにきたときの様子です。最初は嫌がっていましたが、そのうち硬い表情ではあるものの、どうにか母親の友達に抱かれています。そして、小学生の二人が積み木で遊んでいる姿を、警戒しながらもじっと見つめています。

人見知りは、親しい人とそうでない人の区別がつくようになった証。視線が合えば誰にでも微笑みかける3ヵ月微笑の頃の子どもとは違うのです。信頼と依存の心をもち始めたといってもよいでしょう。

遊びでも、いつも一緒にいる大人と「いないいないばあ」など対人的な遊びを好んで繰りかえすようになります。

人への興味や関心も高く、人の様子をよく見ます。とくに子どもへの関心が高いです。戸外に出て、少し大きな子どもが遊ぶ様子を見せる機会をつくると、子どもにとってよい刺激となるでしょう。

 ## 新しい物との出会い

本格的に基本的生活習慣を身につけていくのは1歳半以降ですが、物との出会いはこの時期からあります。6ヵ月を過ぎた頃、下の歯が生えはじめます。離乳食も進み徐々に形のある食べ物も食べるようになってきます。

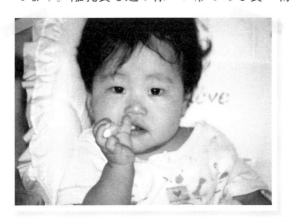

8ヵ月頃、初めて歯ブラシを自分の手で持って口に入れた日です。もちろん仕上げみがきは大人がしますが、この時期から歯ブラシに慣れると、本格的な歯みがきへの抵抗感は少ないです。

おまるにも初めて座りました。子どもにとっては不思議な物でしかありません。このときには、たまたま排泄に成功しましたが、もちろんトイレトレーニングはずっと先です。歯ブラシにしてもおまるにしても、このようにして子どもたちは出会い、毎日の繰りかえしのなかでその機能を理解していくのではないでしょうか。

ためす・繰りかえす

　10～11ヵ月頃になると、「つかまり立ち」が可能になります。何をきっかけにつかまり立ちをしようと思ったかは推し量ることはできませんが、子どもは周囲の環境がもっている可能性（アフォーダンス）をかなり幼い時期から感じとり、働きかけているということが写真からわかるでしょう。

　テレビ台を支えに立とうとしています。でもテレビ台は高く、ふちは細いので体重をかけることができません。この日は失敗。

　翌日は、テレビの近くにある丈夫で重たい箱を支えに立とうとしています。高さも面の広さも支えにするにはちょうどよい物をみつけました。どうにか一人で体を支えています。

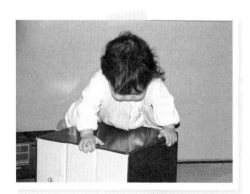

　さらに次の日、同じ箱を支えに、つかまり立ちをしながら箱を移動させていました。まっすぐは立てません。

何を思ったのでしょう
か、窓際に行ってじっと
しています。窓の外は何
も見えません。

しばらくすると、足と手を大
きく開き、体を支えます。これ
を何回か繰りかえしました。

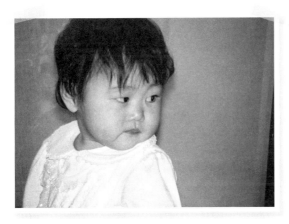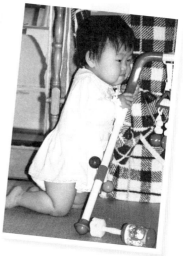

　そして、まわりを見渡し、プレイジム（おもちゃ）をじっ
と見つめたかと思うと、そこまで移動し、つかまり立ちに
挑戦です。プレイジムは初めてなので、顔に力がみなぎっ
ています。

　写真はありませんが、ついにつかまり立ちができました。これ以降は、
プレイジムを使って立ち、プレイジムでつたい歩きをしたり、プレイジム
を少しずつ移動させながら動いたりする姿も見られました。つかまり立ち
をしたい子どもの意欲が、試行錯誤する姿につながっているのですね。

意欲の育ち

後日、自分から障子を破きに行き、破く障子がなくなると別の場所の障子を破きはじめます。

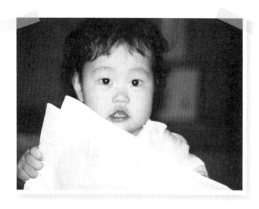

大きな紙を渡すと手に取り、音を立てたりしていましたが、すぐに飽きてしまいました。

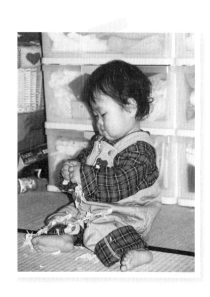

つかまり立ちができるようになると、少し高い位置の障子紙も破れるようになりました。

障子紙をさらに細かく破いています。

　　大人がよかれと思って渡した物よりも、環境のなかから自分が選び出した物に対して積極的に働きかけていく姿が見られます。

　　つまり、環境への働きかけのなかに、子どもの意欲を育て、粗大運動・微細運動など発達をうながす要素が含まれているのです。

1歳児の探索行動

　1歳の誕生日です。この頃になると、大人が歌えば一緒に歌おうとする姿や、歌に合わせて手をたたいたり上げたりする姿を見せてくれます。また、母親を「ママ」と呼ぶようになり、「○○ちゃん」と自分の名前が呼ばれれば手を上げたりするようになります。

　掃除や化粧など母親の「まね」や眠った「ふり」や食べる「ふり」など、現実ではないことを思い描いてみせるようになってきます。観察力が増してきます。

　しまってあるおもちゃや服などを出して、部屋いっぱいに広げて遊んだりもします。子どもは家の中を移動し、棚の中の物を出してみたり、場所を動かしたりするなど、探検をして家中を調べ上げているかのようです。このような行動を1歳児の「探索」といいます。

　日に日に運動能力も発達し、手先も器用になるので、取れなかった物が取れるようになったり、今までは開けられなかった物が開けられるようになったりしてきます。

　ただし、身のまわりの危険についての知識はないので、たとえばポットの安全装置を解除し熱湯を出してしまうなど、大きな事故につながる場合もあります。子どもの意欲や思いとは反するかもしれませんが、「危ないからさわってはだめよ」「大切な物だからしまっておくのよ」というようなしつけも、この頃から生活のなかに入ってきます。

遊びや生活の広がり①

　１歳が過ぎ一人歩きができるようになると、遊びや生活の幅が格段に広がります。ある日、公園へ行くと、数人の子どもたちが遊んでいました。１歳３ヵ月の子どもは、砂場に誰もいなくなったのを見計らって砂場へ行き、その子たちが使っていた道具を使い遊びはじめました。少し大きな子どもたちが遊んでいることに興味をもっていたのでしょう。砂場に座り込み、慣れない手つきでスコップを持っています。

　いとこの三輪車に乗せてもらいました。初めての体験で、手はどこを握ってよいのかもわかりません。足もようやく地についているといった感じ。もちろんこぐことはできませんが、ほかの子どもたちが乗っている三輪車に座れたというだけで満足げです。

　ウサギを初めて見たときの写真です。最初は怖がって近づきませんでしたが、徐々に近づき手を出そうとしています。予想外の動きをウサギがすると、びっくりした様子を見せますが、またすぐに近づき、じっと見ています。

　このように歩けるようになると、戸外でも自分の興味や関心に応じて自由に動いたり、立ち止まることができます。歩けるようになると手も自由に使えるようになり、環境への働きかけがいっそう活発になってきます。

　しかし、周囲に注意を払うことはありません。道路に飛び出してしまうこともありますし、清掃車など特殊車両に近づくこともあります。大人が目を離せない時期であることも念頭に置いておかなければなりません。

言葉の獲得

前ページの砂場での写真から1ヵ月後。ただただ歩くことが楽しいようです。上手に歩けるようになってうれしいので歩く、またたくさん歩くので、さらに上手に歩けるようになるのです。たくさん体を動かし、多くの物にふれ、体つきも顔つきも赤ちゃんを脱したようにも見えます。

自分の知らない物をたくさん見ることができるので、外遊びを非常に好みます。そのなかで、知らない物や近くにいる大人に気づいてほしい物があると指をさす行動が見られます。

　9～10ヵ月頃、大人と「ちょうだい」「どうぞ」と物を受け渡すことを喜ぶようになります。子どもは、物を介して相手と気持ちを共有することを楽しむのです。この物を介した気持ちの共有を「三項関係」と呼びます。三項とは、子どもと大人（他者）と物（対象）を指します。

　最初は実際の物のやりとりですが、次第に指をさすことによって物への注意を共有していくこととなります。自分が興味をもった物を手や指で相手に示し、気持ちを共有することを求めるのです。

　上の写真では何を指していたのでしょうか。

　実はこのとき、鳥が飛んでいました。それを大人に伝えたかったのでしょう。「チュンチュン、飛んでるね」と大人は言います。このようにして意味を共有できる言葉を獲得していくのです。1歳半頃から2、3歳にかけて、語彙は急速に増していきます。

水に親しむ

　1歳半頃、ビニールプールへホースを使って水を入れ、水遊びの準備をしていました。すると、いつもの蛇口とは違うので興味をもったのでしょう。ホースの先のシャワーをプールから出し、ぎこちない手つきでまわりに水をまいています。というより、まいてしまっていると言うべきか……。

　このときは水をまくのが楽しいからというわけではなく、シャワーがとても不思議だったのではないでしょうか。普通の水道とは違い、細い水の糸のように流れ出てきます。写真には写っていませんが、虹も見えたかもしれません。水は物や自然と絡み合って、形を変えたり、色を変えたり、子どもにとって魅力的な自然なのです。

　1年後（2歳半頃）の写真も同じように、ビニールプールのまわりは水浸（びた）しです。この日は、ホースにシャワーがついていません。ホースを持つ手つきを見ると、1年の成長を感じることができます。こちらは明らかに自分の右手に水を当てて水が変化する様子を見ているのです。

　最初は水と親しむことを中心に、環境はシンプルでよいかと思いますが、徐々に小さなジョウロやバケツ、台所用洗剤の容器などを加えていくとよいですね。

　この日は、シャボン玉も用意してあったようです。2歳半頃には、シャボン玉も吹くことができます。虹色に輝くシャボン玉を見て、どのように感じていたのでしょうか。

　少し視点を変えてみましょう。シャボン玉液の容器を持つ左手を見てください。液が今にもこぼれそうです。吹くことに夢中になり、シャボン玉液のことはすっかり忘れてしまっているようですね。一つのことに夢中になると、まわりが見えなくなってしまう時期なのです。

初めて本格的に海に入った1歳半頃の写真です。最初は怖がり嫌がっていましたが、浅瀬を走ったり、砂を掘ったり投げたりして大胆に遊びはじめます。寄せたり引いたりする波は子どもにとっては不思議な現象でしょうね。また、波が引いていくときに砂も一緒に運んでいきます。その時の足の裏の感触は、直接体験でしかわからないでしょう。

　水は液体だけではありません、季節は違いますが、雪や氷、霜との出会いもあります。雪を初めて見た子どもは大喜び。靴が濡れてしまうことも気にせずに歩きます。雪のなかを歩く感触や手でさわったときの冷たさを体感するのです。手のなかの雪が溶けて水になってしまうのも、初めて自然の雪や氷を見た子どもにとっては、不思議な現象です。間接体験では学べないことを学んでいるのです。

五感を使って、体で覚える

　1歳半頃、日差しの強い夏らしい日、公園へ行きました。芝生が子どものくるぶしくらいの高さまで、勢いよく伸びています。歩いた瞬間、いつもと違う感触に気づいたのでしょう。ずっと下を見ながら、踏みしめて歩いています。子どもが五感を通して環境を感じている姿がわかります。このふかふかした感覚を子どもは体で覚えていくのでしょう。

　遊具には簡単に上れますが、はしごを下りることは上ることよりもずっと難しいです。ジャングルジムなどでも、上れたけど下りることができず泣いている子どもを時々見かけます。写真の子どもも少し緊張した面持ちです。母親がもう一段上がって滑り台で下りてくるように言うと、恐る恐るそのとおりにやってみました。はしごでは下りられませんが、滑り台ならば簡単です。それを学習した子どもは、二度目からは意気揚々と遊具に上りはじめました。

　1年後（2歳半頃）、同じ公園へ行きました。この日は、1歳年上のいとこと一緒にサッカーをしています。しかし、いとこのようにはボールを上手に蹴ることはできません。

　2歳半頃にはすでに、ドタバタとですが走れるようになってきます。

三輪車に乗れるようになるまで

　三輪車は子どもにとって魅力的な道具です。自分でこげるようになるためには、歩くのとは違った筋肉の使い方が必要となります。しかし、いったんコツを覚えると、飽きることなく乗りつづけます。上手に乗れるようになると、風の気持ちよさや風景の変化などを感じることもできます。また、自分が物を操作し、その物が動くといった有能感や自信ももつことができます。

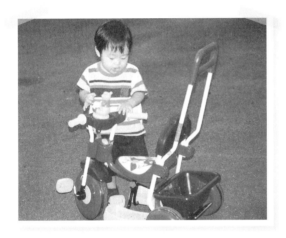

　1歳7ヵ月頃、自分の三輪車を買ってもらって1ヵ月です。まだこぐことはできませんが、いろいろな部分を見たりさわったりして確かめています。大人がブーさんの人形を押すと音が鳴り、その仕組みに興味をもったようです。

　このようにゆっくりと物に親しみ、次第に自分で乗り降りができ、こぐこともできるようになります。人形を乗せて押してみるなど工夫して遊ぶ姿も見られました。ベビーカーに見立てていたのでしょう。

　1年後（2歳7ヵ月）には、すっかり自分の三輪車として乗りこなしています。

模倣① ──「まね」から「再現」へ

　先ほども書きましたが、1歳前後から身近な人のすることをよく見て、同じことをしようとします。たとえば、大人が簡単な手遊び歌を歌うと、大人のタイミングに合わせて手を上げてみたり、大人が飲み物を飲んでいる様子を見て自分も手元のコップを口にもっていったりすることがあります。これを「模倣」といいます。

　一方、寝たふりや化粧をするふりは、同時に同じことをしようとする模倣ではなく、時間を置いて起こす模倣です。これを「延滞模倣」といいます。延滞模倣は、子どもの観察力と記憶力が発達して初めて可能となるのです。

　2歳を過ぎた頃から、延滞模倣はいくつかの真似が組み合わされてストーリーが展開されるようになってきます。この写真は、一見どこかに出かけるかのように見えますが、自分のもっているリュックやカバンに荷物を詰めて出かけるふりをしているのです。後ろ姿なので写っていませんが、ひもをつけた使い捨てカメラを首にかけています。旅行にでも出かけるつもりなのでしょうか。大人が旅行に行くときの様子を自分のイメージで表しています。このような行動を「再現」といいます。

　さらに「再現」はリアルな物に。広告をはさみで切ってカップラーメンの空きどんぶりの中に入れようとしています。はさみを使ってみたかったのでしょう。右利きであるにもかかわらず左手で持っているうえに、正しい持ち方をしていません。2歳半頃ですが、はさみを使いたいという気持ちを大切にしながら、使い方を少しずつ教えていきたいものです。

　　子どもの模倣や再現行動は、実物を使うところから始まります。空きどんぶりはかなり実物に近いです。中に入れる紙は食べ物に「見立て」ているのです。牛乳パックやペットボトル、プリンカップなど様々な物を並べて、毎日のように遊びを展開しています。

模倣②──「見立て」から「ごっこ」へ

「見立て」とは、代わりのものを実物として扱うことをいいます。

　２歳の誕生日にキッチンセットをもらったときのものです。キッチンとして遊ぶのではなく、泡立て器をマイクに見立てて話をしたり歌ったりしているところです。11ヵ月より保育所に通園しており、保育士が行事のときに使っているマイクに見立てたのでしょう。

　見立ては、子どもが実物と手元にある物のあいだに、何らかの共通性をみつけたときに起こります。この場合は、マイクが本物（所記）、泡立て器が手元にある物（能記）です。「所記」と「能記」は心理学用語です。見立ては子どもが物事を比較して共通性がわかる力を示すもので、言語能力、思考力、想像力、表現力の発達とも深い関係があると考えられています。

　２歳半頃、おもちゃのギターに愛着をもっており、外へ遊びに行くときも必ず携帯していました。写真は、庭の掃除に使っていたちりとりをスタンドマイクに見立てて歌っています。ハンドマイクとスタンドマイクの特徴を見事につかんでいますね。

　見立ては、子どもの再現を飛躍的に自由なものにしていきます。「見立て」と「ふり」による再現活動である「ごっこ」遊びは、幼児期の遊びの中心となってきます。この「ごっこ」の体験を通して、子どもは演じる相手の気持ちを理解したり、役割を考えたりしていきます。子どもの自己形成の過程で非常に重要な遊びです。「ごっこ」は、自分が体験した印象的な部分を切りとって再現していくので、豊かな直接体験が重要なのです。

遊びや生活の広がり②

傘を初めて持ちました。ワンタッチで開くのを見てずいぶん驚いたようです。少し大きめの傘なので自分で開けることはできませんが、閉じては開くのを見せてほしいと何回もせがみました。2歳7ヵ月頃ですが、自分の傘を与えられ、うれしくて開いた傘を持ち、歩き回っています。

箸（はし）も使えるようになってきます。
上手に麺を食べています。

　このように、心身の発達とともに子どもの生活のなかには、大人が使っている物が一つずつ増えていき、徐々に生活に適応できるようになってきます。生活のなかでできることが増えてくると、大人のすることに積極的に挑戦したがります。

　タバコの販売をしているおばあさんの手伝いをしているところです。自動販売機に入れるタバコを箱から出して渡しています。おばあさんにお礼を言われると、とてもうれしそうです。自宅で母親の手伝いもしたがります。まだ十分に役割を果たすことは難しいと思いますが、子どもの気持ちを大切にし、手伝いをして人のためになっているという、うれしさを感じる体験の機会を設けていきたいものです。

第2部

学びのポートフォリオ
体験する・調べる・考える

「体験する」「調べる」「考える」ことを通して、対象となる素材や遊びを学べるように構成しています。学習を進めるなかで、領域「環境」の内容も学ぶことができます。また、すべてに取り組めば、あなただけのオリジナルテキストが完成します。「第2部の構成と使い方」をよく読んでから、スタートしてください。

第 2 部 の 構 成 と 使 い 方

イントロダクション

3歳児が砂場で遊んでいる。砂を右手に取り、強く握る。砂は手のひらと小指のあいだから少しずつこぼれ落ちる。もう一度、同じ動作をする。さらに次は左手で同じ動作をする。

　このエピソードは時間にすれば、ほんの1分程度です。ただ、同じ動きでも、彼女にとっての意味は、一度目と二度目とでは違うでしょう。彼女が何を考え行為を行ったのかは、想像の域を脱しませんが、砂遊びの経験がある人ならば、手のひらがその感覚を覚えているでしょう。それは、彼女が体感しているものと近い感覚だと思います。このように、私たちは自分の体感したことや感覚を頼りに、子どもの思いを理解したり、共感したりします。したがって、保育を実践するにあたっては、保育者の経験知が不可欠なのです。

第2部の見方

章タイトル。各「内容」をわかりやすくまとめてます。 →

> ◯**01 自然とふれあい感動する**
>
> → 内容(1) 自然に触れて生活し、その大きさ、美しさ、不思議さなどに気付く。
>
> みなさんは、ラヴェルの「水の戯れ」というピアノ曲を聴いたことがありますか。きらきらと光り輝く水の美しさ、わき上がる音、水のしたたる音、水量や勢いの変化など多様に変化する水をイメー

　幼稚園教育要領と保育所保育指針、幼保連携型認定こども園教育・保育要領の領域「環境」には、「内容」が12項目あります。第2部では、この「内容」を1項目ずつ私たちの日常生活と結びつけて説明したうえで、素材や遊びを体験したり、調べたり、考えたりしたことをポートフォリオとして作成する構成になっています。

　しかし、一つひとつの体験メニューが、単独の「内容」に限定されるものではありません。遊びは総合的で、つねに複数の「内容」と重なり、また他の「領域」とも重なっています。まさに「遊びを通して総合的に指導する」という保育の基本が見えてくることでしょう。このことについては、「保育原理」「保育内容総論」等の授業でも学んできていると思いますので詳細は述べません。つまり、体験メニューが一つの「内容」だけに対応するのではなく、ほかの「内容」や「領域」と重なっているということをつねに意識しながら取り組んでください。

あなたが体験するためのメニュー

あなたが調べたり考えたりするためのメニュー

学びを深めるための参考図書

あなたが参考にしたり子どもが楽しめる絵本

著者からのコメント、コツ、注意事項など

体験時の要点やミニ知識

実際の保育現場でのエピソードと解説

教材研究の方法…素材や遊びを教材化するために

①対象となる素材や遊びを深く知るために、保育者自身がまずは体験する。

②対象の教育的な価値を洗い出す。

③体験を通して子どもの心情（どこが楽しいのか、どこがおもしろいのかなど）を検討する。

④さらに、素材を生かしたり、遊びが楽しくなったりするような工夫を考える。→発展

領域、内容、第2部体験メニューの相関図

健康
表現　領域　人間関係
言葉 ‥‥ 環境

※内容（6）（12）は、本書では割愛しています。

11 生活に関係の深い情報や施設などに
興味や関心をもつ。

体験メニュー	関連する「内容」
動物園クイズ	（5）

1 自然に触れて生活し、その大きさ、
美しさ、不思議さなどに気付く。

体験メニュー	関連する「内容」
自然観察	（3）（4）（8）
フィールドビンゴ	（3）（4）
パイナップル・プラント	（4）（5）

10 日常生活の中で簡単な標識や文字
などに関心をもつ。

体験メニュー	関連する「内容」
しりとり	
絵本の紹介カード	（2）

2 生活の中で、様々な物に触れ、その
性質や仕組みに興味や関心をもつ。

体験メニュー	関連する「内容」
小麦粉粘土	（7）
シュリンクシート	（7）
バースデーカード	（6）（7）（8）（9）
折り染め	（7）（8）

9 日常生活の中で数量や図形などに
関心をもつ。

体験メニュー	関連する「内容」
なべなべそこぬけ	
すごろくづくり	（7）
おやつを分ける	
スタンピング（型押し）	（5）
積み木	

3 季節により自然や人間の生活に
変化のあることに気付く。

体験メニュー	関連する「内容」
キャンバス自然マップ	（1）（4）

8 身近な物や遊具に興味をもって関わり、
自分なりに比べたり、関連付けたりしなが
ら考えたり、試したりして工夫して遊ぶ。

体験メニュー	関連する「内容」
重力を体感	（1）
どんぐりのすべり台	（2）（4）（8）
モビール	（2）（6）（8）
マグネットパズル	（2）（8）

4 自然などの身近な事象に関心をもち、
取り入れて遊ぶ。

体験メニュー	関連する「内容」
季節の素材でネームプレート	（1）（3）
色水遊び	（5）
帆かけ舟づくり	（6）（7）

7 身近な物を大切にする。

体験メニュー	関連する「内容」
牛乳パックで工作	（4）（7）
紙皿でアート	（2）（4）（7）（8）
洗濯ばさみで作品	（7）

5 身近な動植物に親しみをもって接し、
生命の尊さに気付き、いたわったり、
大切にしたりする。

体験メニュー	関連する「内容」
クレイジー・グラスヘッド	（4）
花の栽培	（4）
野菜づくり	（8）
クッキング	（2）
ネイチャーループカード	（1）

●01 自然とふれあい感動する

内容（1）自然に触れて生活し、その大きさ、美しさ、不思議さなどに気付く。

　みなさんは、ラヴェルの「水の戯れ」というピアノ曲を聴いたことがありますか。きらきらと光り輝く水の美しさ、わき上がる音、水のしたたる音、水量や勢いの変化など多様に変化する水をイメージすることができます。光の加減とともに変化する噴水の水の色彩と音響を表現しているのです。自然の美しさや優しさ、激しさを感じとる心が音楽、美術、文学など芸術を生み出し、人々を感動させるのでしょう。芸術の源は自然にあるといっても過言ではないと思います。

　「感性豊かな子ども」とか「感性を育てる」といった言葉を園の子ども像にしたり、キャッチフレーズに掲げたりしている園をよく見かけます。感性とは"感じる心"と、ここでは定義しておきましょう。感じる心は、優れた音楽やすばらしい美術を鑑賞するだけでは、身につきません。自然の大きさ、美しさ、不思議さなどにふれ、心を動かす体験があってこそ、芸術のすばらしさを理解したり、自分が表現者となったりすることができるのです。

　環境問題を告発した生物学者レイチェル・カーソンは、その著書『センス・オブ・ワンダー』のなかで、「神秘さや不思議さに目を見はる子どもの感性」について次のように述べています。

　　　子どもたちの世界は、いつも生き生きとして新鮮で美しく、驚きと感激にみちあふれています。残念なことに、わたしたちの多くは大人になるまえに澄みきった洞察力や、美しいもの、畏敬すべきものへの直感力をにぶらせ、あるときはまったく失ってしまいます〔カーソン　1996〕。

　子どもの「センス・オブ・ワンダー」は生まれつき備わっています。実際に子どもたちは、年齢が低いほど風に揺れる木の枝や、雨上がりの太陽の日差しに目を止めます。カーソンは、さらに子どもの「センス・オブ・ワンダー」が生涯消えることなく、いつも新鮮に保ち続けられるために、子どものそばにいる大人の重要性を次のように述べています。

　　　わたしたちが住んでいる世界のよろこび、感激、神秘などを子どもといっしょに再発見し、感動を分かち合ってくれる大人が、すくなくともひとり、そばにいる必要があります〔カーソン　1996〕。

　要は、保育者が「センス・オブ・ワンダー」を受けとめ共感を示すことによって、子どもの感性は高められるということです。子どもの感性が育まれるかどうかは、自然を感じとる保育者の意識にかかっていると言ってもいいほどです。

　自然のなかで、保育者自身がおもしろいものをみつけ、素直に喜ぶことが大切です。そのような保育者の姿を子どもはよく見ています。そして、子ども自身もいつの間にかいろいろなものに注意を向けるようになってきます。その保育者の姿は、子どもに動物や植物の名前を意識的に教えたり説明したりするよりも、ずっと価値があるのです。

体験する 1 みつけてみよう！ 探してみよう！

校舎から外に出て、キャンパスの自然観察をしてみましょう。次ページのワークシートには、みつけたものの絵や植物の名前などを記入したり、写真を貼ったりしてください。

準備するもの

- 虫眼鏡
- ビニール袋（みつけたものを入れる）
- 服装……長そで、長ズボン、帽子

注意すること

*ハチや毛虫に注意。
*季節によっては蚊がいるので、虫よけスプレーを準備する。

Point

五感 を使う

みる　形、色、大きさ、模様、動きなどに注目しましょう。

きく　目を閉じて、耳を澄ましてみましょう。風、水の音が聞こえてきます。

さわる・感じる　肌ざわり、温度、湿度など実際にさわって感じてみましょう。

においをかぐ　葉っぱや枝などを折って、匂いをかいでみましょう。

あじわう　なめたり、かんだりして味や食感を確かめましょう（ただし、食べられるものに限ります）。

全体と部分

その場の様子や全体を、見たり感じたりしましょう。たとえば、1本の木を少し離れたところから見てみましょう。公園や並木によく使われているケヤキは、竹ボウキを逆さにしたような樹形をしています。今度は少し近づいてみましょう。樹皮は不規則にはがれ落ち、葉は薄くてギザギザしています。よく見ると、春には花が咲き、秋には実をつけます。虫眼鏡を使えば、さらに違った世界も体験することができます。このように、全体と部分の両方を見ると、自然のことを深く知ることができるのです。

記録 しよう

スケッチやメモで記録を残しておけば、後日、観察したことを思い起こすことができます。また、観察の時期を変えると、季節の変化を感じることができます。デジカメ等のIT機器を活用するのもいいですね。

年　　　月　　　日　　　：　　　～　　　：　　　天気　　　　　　気温

場所

木の枝	手ざわりがおもしろいもの	木や草の実
動くもの	不思議なもの	音がするもの
花	匂うもの	葉っぱ

感じたこと、発見したことを書いてみよう！

体験する 2　自然のなかでフィールドビンゴ

五感を通して自然を見るためのフレーム「フィールドビンゴ」で遊びましょう。

準備するもの
- フィールドビンゴカード（一人1枚）
- えんぴつ

場所

キャンパス内、公園など野外

フィールドビンゴ木のカード

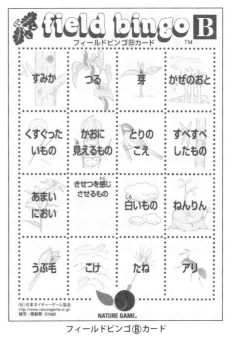

フィールドビンゴⒷカード

公益社団法人日本シェアリングネイチャー協会
tel：03-5363-6010
http://www.naturegame.or.jp/
JNGA 引用承認番号 200

遊び方

1 歩きながら、みつけたものに○をつけていきます。

2 通常ビンゴは、タテ、ヨコ、ナナメに○が一列に並んだらビンゴですが、できるだけ多く○をつけることを目的にしてもよいです。

自然のものを傷つけたりしないようにしましょう。動かした場合には、かならずもとに戻すこと。また、数人のグループをつくって、一緒に探すと楽しいです。活動範囲と制限時間を決め、安全に気をつけて遊びましょう。

フィールドビンゴをつくってみよう

子どもが使うことを想定して、フィールドビンゴをつくりましょう。

Point

- ・子どもの場合、枠は9マスがベスト。
- ・「におい」「おと」「てざわり」など五感をテーマにし、五感を生かして遊べるように工夫する。
- ・対象となる場所にいる動物や植物の絵を描く。
- ・たとえば、「葉っぱ」に限定したり、「形」に注目したりするのもオススメ。

①下書きを描いてみましょう。

②カードの用紙を選びましょう。

　大きさは？　硬さは？

③活動の際、カードや鉛筆を手に持っていると危険です。どのような工夫が必要ですか。

④それでは、つくってみましょう。

学生がつくったフィールドビンゴ

Point

土のなかに住む生き物にも目を向けてみよう

　土壌生物は、地面に落ちた枯れ葉などの植物や動物の死骸などを分解して土に変える大切な役割を果たしています。植え込みやプランターの下、石の裏側をのぞいてみましょう。

　植え込みの表面の新しい落ち葉などをどけると、湿った層が現れます。土壌生物は、地面のこの辺りで多く活動しています。ダンゴムシやミミズは害がありませんが、ムカデやゲジなどはほかの生物を食べて生きているので、それなりに強いあごや毒をもっています。素手でつかまえるのは危険です。お惣菜を入れる透明のパックに割りばしで入れて観察すると、じっくりと見ることができます。

　近くの幼稚園の子どもたちが、大学に遊びに来ました。上のフィールドビンゴは、そのときに学生がつくったものです。キャンパス内でみつけられるような要素を9つ入れました。ビンゴの背景は、子どもたちが喜ぶようにトトロを模しています。

　場所に合わせてオリジナルのフィールドビンゴをつくることで、難易度を変化させることができます。また、「木」「葉」「実」などテーマをしぼるのもおもしろいですし、より深い観察ができるでしょう。

パイナップル・プラントを育てよう

　パイナップルの栽培を通して、水が気化し、再び液化する様子を観察して、地球上の水の循環を感じましょう。

1
パイナップルの実を2cmほど残して頭を切り、鉢に植えます。

2
水をたっぷりとかけたら、温度と湿度を保つためビニール袋で覆い室内に置きます。

3
しばらくすると、ビニールに水滴がたまります。水をやる必要はありません。

4
2週間ほどすると、中央から新芽が出てきます。ビニール袋を外して、日当りのよい場所に置きましょう。2～3日に1回、水をやってください。

5
葉の成長は早く、パイナップルの生命力の強さに驚くことと思います。実ができるまでには、数年かかります。

　ビニールについた水滴が土に落ち、その土の水をパイナップルが吸い上げ、再びパイナップルの葉から水分が気化し、ビニール袋に水滴となってつきます。地球上での水の循環の仕組みが、この小さな世界でも同じように行われているのです！

BOOK
さらに学ぶために

『センス・オブ・ワンダー』レイチェル・カーソン著　新潮社　1996 年
レイチェルが幼いおいのロジャーと毎年夏の数ヵ月を過ごしたアメリカ合衆国メーン州の海岸と森の
情景と、それらにふれたロジャーの反応を語りかけてくれます。挿入されている森や植物などの写真
も美しい。大人が忘れかけている“神秘さや不思議さに目を見はる感性”を刺激してくれます。

『葉っぱの不思議な力』鷲谷いづみ文、埴沙萠写真　山と渓谷社　2005 年
美しい写真をふんだんに使いながら、不思議な力をもつ葉っぱについて、植物の生活史や生態系に造
詣の深い著者がわかりやすい言葉で語りかけるビジュアルブック。この Nature Discovery Books シリー
ズの『タネはどこからきたか？』『花はなぜ咲くのか？』も心地よく読むことができます。

『木の本』萩原信介文、高森登志夫絵　福音館書店　1986 年
庭や公園など身近に見られる樹木 143 種を厳選した樹木図鑑。保育現場でよく見られる樹木が中心な
ので、親しみをもって見ることができます。花や実の時期を中心に精確な絵で描かれているところや、
葉の絵から調べられる木の葉の索引がわかりやすいです。子どもから大人まで楽しめます。

おすすめ 絵本

『きこえる？　きこえるよ』たしろちさと絵　グランまま社　2008 年

『雨、あめ』ピーター・スピアー作　評論社　1984 年

『ぼくのコレクション──自然の中の宝探し』盛口満文／絵　福音館書店　2001 年

『写真絵本　自然のかくし絵──昆虫の保護色と擬態』矢島稔作　偕成社　1999 年

『ひるまのおつきさま（「かがくのとも」2010 年 10 月号）』遠藤湖舟作　福音館書店　2010 年

事例

気持ちいいな〜　5歳児7月

　とても暑い7月のある日。4人の男児が砂場で遊びはじめました。最初は川をつくろうと、協力して水路を掘っていました。一人が倉庫からホースを出し、水道の蛇口につけて水を流しはじめたところから、遊びは大胆に変化していきます。この園では、プールや外遊びの水は井戸水を使用しており、氷が張るような冬の寒い日以外、自由に使ってもよいことになっていました。

　いつの間にか子どもたちは靴を脱ぎ、洪水で氾濫したかのようになった川と陸を気持ちよさそうに歩いたり、さらに川を掘ったりしています。写真は、ホースの水を川の一部分に勢いよく当てて水圧で穴を空け、その深さを見ているところです。

　ホースを使うことで水は様々な姿を見せます。上に向ければ太陽の光を映し出し、光り輝きます。この写真のように、砂や土に向かって当てれば、水圧で砂や土を巻き込みながら、模様を描きます。この日、大きな木の下にある砂場では、太陽の光と陰が美しいコントラストを描いています。子どもは日常の何気ない遊びの場面で自然と出会うことで、心を揺り動かしているのです。

木陰でランチ　5歳児7月

　川づくりが水遊びへと変化してしばらくすると、弁当の時間になりました。砂場の道具を片づけ、遊んでいた砂場の近くの木陰にゴザを敷きます。そして、楽しかった余韻と午後の遊びに思いをはせながら食事をします。横にはプールサイドで使うリクライニングチェアも置かれており、体を休めることもできます。

　水にふれることで涼しさを感じることができます。また日当りのよい保育室よりは、木陰のほうが風も涼しく気持ちよく食事をとることができます。エアコンなどが完備された日常生活のなかでは、子どもたちも暑さや寒さを感じることが少なくなってきています。

　四季は地球の公転や自転といった大きな自然を感じることにつながります。季節の変化を体感するとともに、暑さや寒さをしのぐ方法や心地よく過ごす方法など、生活を工夫する機会を設けていきたいものです。ここでは、チェアを置くことで子どもたちの気づきをうながしています。

雨のシャワー　3歳児7月

　激しく雨が降っています。3歳児のタカヒロは何を思ったのか、少し大きめのレインコートをしっかりと着て、長靴を履いて外へ出ていきました。

　保育室の前や園庭を一回りしたあとで、壊れた雨どいからあふれ落ちる雨の下に頭を突き出し、水の勢いを感じているようでした。そして園舎のほかの雨どいを見に行きます。しかし、ほかの雨どいは壊れていませんでした。タカヒロは、再び壊れた雨どいに戻ってきて、今度はあふれる雨の下に体全体を入れ、頭や背中で水を受けとめることを楽しんでいるかのようでした。

　そして、水道のところに置いてあったバケツをもってきて置きました。すると、雨水がたまります。次にバケツを逆さまにしました。水は勢いよくバケツの底にぶつかり、跳ね上がります。

　この間、タカヒロは一言もしゃべりません。しかし、雨とのかかわりのなかで、様々なことを考えて行動していたのではないでしょうか。自然現象に心が揺さぶられての行動です。タカヒロの全身で自然を感じる姿、比較したり試したりする姿を理解し、保育者も声をかけずに見守っています。このような子どもと自然との出会いを見逃さないようにする保育者のかかわりが大切です。

雨上がりに　5歳児5月

　小雨になってきました。女児数人が傘をさし、園庭を散歩しています。しばらくして雨が上がると、女児たちは傘を閉じ、すぐに水たまりのところへ。

　ズブズブと水たまりに入り、足踏みをして土や水が混ざり合った感覚を楽しんでいます。そのうち長靴を脱ぎはじめ、裸足での感覚を試そうとします。最後には、長靴に泥水を入れてから長靴を履き、足踏みをしていました。園庭に子どもたちの歓声が響き渡ります。

　子どもたちは遊びだと意識しているわけではありませんが、満足感を感じるひとときを過ごしているように思います。このような名もない遊びのなかに、子どもたちの学びがあるのではないでしょうか。

　この園の園庭は、雨水が側溝に流れていくように少し斜めになっています。雨水は側溝に向かい、いく筋もの川を園庭に描きます。そして側溝付近の土がえぐれているところに雨水がたまるのです。水は低いほうに流れていくという当たり前のことを見て、体で感じているのではないでしょうか。日常で自然とふれあうことで、心がいやされ、また満たされ、多くのことを学んでいるのです。

●02 物事の法則性に気づく

内容（2）生活の中で、様々な物に触れ、その性質や仕組みに興味や関心をもつ。

　みなさんは、「様々な物」というと、具体的にどのような物をイメージしますか。

　右の写真の乳児は何をしていると思いますか。正解は、ティッシュボックスからペーパーを出そうとしているところ。6ヵ月の乳児で、まだハイハイはできません。寝返りを打ちながらティッシュボックスにたどり着き、ペーパーを引き出そうと必死です。やっと引き出すと、ほっとしたような、びっくりしたような表情を見せてくれました。

　母親がティッシュボックスを使っている様子を見て、興味や関心をもったのでしょう。箱から出ているティッシュペーパーを引っ張ると1枚取り出せます。そして次のペーパーの一部が箱から出てきます。私たちにとっては当たり前の物でも、子どもにとってみれば不思議な物なのです。

　でも、みなさんは、どうして1枚ずつ出てくるのか知っていますか。実はティッシュペーパーを半分に折り、互い違いにはさんで重ねているだけという、とてもシンプルな仕組みです。少し視点を変えて身のまわりの物を見ると、その性質や仕組みのおもしろさや不思議さをみつけることができます。

　せっかくなので、紙の性質についてもう少し見てみましょう。かこさとしさんの『よわいかみ つよいかたち』を読むと、おもしろいことに気づきます。本のなかで、かこさんは、はがきを切ったり折ったりしながら様々な実験を行い、弱い紙でも形を工夫すると強くなるということを証明していきます。そして、強い形が3種類あることをみつけます。それで最後に、

3つのかたち

実際に使われている様子

みなさんは、えきや　まちや　こうばで、かみで　なくて、てつや　アルミニウムなどの　きんぞくで　できた、おなじような　かたちを　みた　ことがありませんか。
よーく　みて　ください。きっと、3つの　かたちが、たくさん　つかわれているのに　きが　つくでしょう。
そうです。その　かたちは、つよいから　たくさん　つかわれて　いるのです。

と、読者に問いかけます。身近にある紙を使って力学の原理を学ぶことができるのです。

　保育者は、生活や遊びのなかで子どもたちが様々な物にふれたり確かめたりする姿の意味づけをしていくことが必要です。そのためには保育者自身が、環境のなかにある物の特性を知ることが大切なのです。

"様々な物"というと、目に見える物だけをイメージしがちですが、水、空気、磁石、石・砂、重力、簡単な機械、紙、音、光などの性質や仕組み、法則性に気づく経験が大切。たとえば火力発電所の基本的な仕組みは、燃料を燃やしてお湯を沸かし、その蒸気の力で蒸気タービンを回転させて電力を発生させています。これは、やかんでお湯を沸かし、その湯気の力で風車を回しているのと同じ原理。科学技術も、私たちの身のまわりにある物の性質や仕組みを応用しているのですね。

体験する1　小麦粉粘土でおやつづくり

　身近にある材料で粘土をつくってみましょう。油粘土とは違って、香り、肌ざわりも心地よく、さわっているだけで気持ちが落ち着きます。十分に感触を楽しんだら、おいしそうなパンやピザなどの食べ物をつくってみましょう。

食紅は赤、黄、青、緑などの色があって、スーパーマーケットで販売しています。好きな色の小麦粉粘土をつくって友達と交換すると、いろいろな色の小麦粉粘土を楽しむことができますよ。

材料（一人分）

- 小麦粉……200g
- 水………100ml
- 塩………少々
- 食紅（箱に入っているスプーン1杯）
- バニラエッセンス……少々
- ボウル
- ビニール製のテーブルクロス（もしくはゴミ袋）
- お弁当箱（持ち帰り用）

つくり方

1 ボウルに小麦粉、塩、食紅を混ぜあわせる（ここで、サラダ油をひとたらし混ぜると滑らかになるが、なくても大丈夫）。

2 様子を見ながら、ちょうどよい柔らかさになるまで水を入れ、混ぜる。ペットボトルを使うと入れやすい。

3 色を組みあわせて、パンやケーキなど自由な形につくる。

最初に食紅を小麦粉に混ぜても、ボウルのなかの粉は白いまま。ところが、そこに水を入れると鮮やかな色に！　私はいつも「魔法の水」と言って、みんなを驚かせます。

もっと小麦粉粘土を楽しむには

さらに楽しくなる工夫を考えて、書いてみましょう。たとえば、食紅を混ぜる配分とできあがりの色や小道具（たとえば、お皿、つまようじなど）。完成した作品の写真を貼るのもいいですね。

もっと 小麦粉ねんどを楽しもう
（ちょっとひと工夫で）

♥ いろんな色を作ろう ♥

出来上がりの色	入れる色素
白	何も入れない
ピンク	食用色素「赤」…たくさん入れると赤い粘土ができます
オレンジ色	食用色素「赤」+「黄」
黄色	食用色素「黄」
黄みどり色	食用色素「黄」+「緑」
緑色	食用色素「緑」
黄土色	食用色素「赤」+「黄」+「緑」
茶色	インスタントコーヒー

・材料・
★食用色素「赤」
★ 〃 「黄」
★ 〃 「緑」
★インスタントコーヒー

ドリップ用のコーヒーは、そのまま混ぜると色がまざりません!!あらかじめ水に溶いたコーヒーを混ぜれば、きちんと色がまざるのではないかと思います!

♥ こんな物ができたよ!! ♥

♥ 少しでも長く楽しむには…(保存法) ♥
小麦粉ねんどは、あまり長く保存できません。(もっても2〜3日程度…)保存法としては、①食塩を加える②冷凍する③オーブンで焼く(100℃で約1時間)などがあります。

♥ 香りも楽しもう ♥
小麦粉にバニラエッセンスを数滴加えておくと、いい香りの粘土ができますね。

注意すること
小麦粉アレルギーのある子どもには配慮が必要です。

学生がまとめたノート

「こんなに多くの色ができるとは思っていませんでした。たしかに食紅を混ぜあわせれば、いろいろな色ができることは予想できますが、インスタントコーヒーは思いつきませんでした!」

　これは学生のコメントです。試行錯誤の結果、バラエティに富んだものがつくれたのでしょうね。さらに、保存方法や香りの楽しみ方などがしっかり書きとめられている点も評価できます。このように、ノートにきちんとまとめておくと、実践の場で活用できますね。

授業風景

　クッキーやパンをつくったことのない学生は、小麦粉粘土がまとまらず、パサパサだったり、水を入れすぎてベタベタしていたりと、最初は苦戦していました。でも、しばらくするとコツをつかみ、ちょうどよい柔らかさで、心地よい感触の小麦粉粘土をつくることができました。
　いろいろな色を友だちと交換し、自分のつくりたい食べ物をつくっていきます。友達同士でコメントをしながら楽しんで活動することができました。本物のパンやピザをつくってみたくなったことと思います。

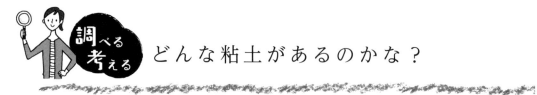

どんな粘土があるのかな？

　小麦粉粘土のほかにどんな粘土の種類があるのか、いろいろな粘土の特性を調べてみましょう。実際に画材店や文房具店へ行って、見てみるといいですよ。

小麦粉粘土	食べ物を使用しているので、基本的には口に入れても安全。簡単につくれるので、小さい子どもから楽しむことができる。滑らかで感触がよく、思いどおりの形にしやすい。においも気にならない。しかも安価。ただし、小麦粉アレルギーをもっている人は要注意！　食べ物なので2～3日でカビが発生する。十分に遊んで処分するか、オーブンで加熱すると少しのあいだは保存できる。写真を撮ってポートフォリオを楽しむのもよい。
紙粘土 PHOTO	
油粘土 PHOTO	
土粘土 PHOTO	
PHOTO	

体験する 2　縮む！ 縮む!! シュリンクシート

シュリンクシートとは、熱で縮まる性質をもったプラスチックシートのこと。ポリスチレンという材質でできており、熱を加えることで、シートが約6分の1に縮みます。シートをつくる際に伸ばしてあり、加熱することで再び元の形に戻るのです。

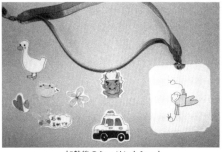

加熱後のシュリンクシート

つくり方

1 シュリンクシートに色えんぴつ、クレヨン、油性ペン、ボールペンなどで絵を描く（1/6になることを考えて大きめに）。黒いペンでふちどりをするときれい。

2 はさみで切りとる。穴が必要な場合は、パンチで空けておく。

3 オーブントースターのトレイにアルミホイルを敷いて温める。切りとったシュリンクシートをのせて約10秒加熱すると、くねくねと曲がったあとで平らになる。

4 アルミホイルごと取り出し、重しで押さえる。つくるものに合わせて加工したら、できあがり。

準備するもの

- シュリンクシート
- はさみ
- 絵を描く筆記具（ペンや色えんぴつなど。水性のものは不可）
- アルミホイル
- 本や板など、重しとして使えるもの
- オーブントースター

縮むと、薄く描いた絵も濃いめになります。色えんぴつで薄く塗った部分も色鮮やかになるんですよ。あまり小さく切ると、オーブンから取り出しにくいです。また、凝って細かく切りすぎると平らにならないケースもあります。加熱すると、シートがくねくねと曲がりはじめ、しばらくすると平らになっていく、その間のドキドキ感を味わってください。

Point

熱により変化するもの

たとえば、アイロンビーズ、水、ロウ、土粘土など。食べ物はたくさんありますが、一番わかりやすいのはゆで卵でしょうか。タンパク質は加熱すると固まる性質をもっているためです。

体験する 3 飛び出すバースデーカード

　紙にはさみを入れて、折り方を変えるだけで、飛び出すカードができます。友達や家族へのバースデーカードやクリスマスカードを手づくりしてみましょう。

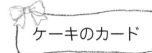
ケーキのカード

1 カードをつくりましょう。斜線部分はのりしろです。

2 ケーキの部分をつくりましょう。

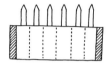

3 カードとケーキを貼りあわせます。

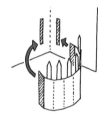

4 イラストを描いたり、写真やシール、スパンコールなどを貼ったりするといいですね。

立ち上がるカード

1 カード部分の紙（画用紙など）を2枚と、立体部分の紙を1枚用意します。

2 カード用の1枚を二つに折り、切り込みを入れて、折りくせをつけます。

3 開いて、真ん中の部分は山折りにします。

4 もう1枚の紙を外側に貼りつけましょう。

5 立体部分用の紙にケーキやプレゼント、クリスマスならもみの木などを描きます。

6 飛び出た部分に絵を貼ります。

> **Point**
>
> 　右の写真のように、画用紙を丸めて筒にすると立てることができます。ダンボールを少し工夫して折ることで、人が座れるイスをつくることもできます。
>
> 　このように、まったく同じ材質の紙でも、その置かれた状態や周囲との関係によって、異なった性質や機能をもってくることがあります。表面的には見えませんが、うちに隠されて見えない力学など抽象的な学問へのつながりも感じることができます。

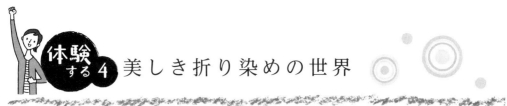

三原色の絵の具が和紙ににじんでいく様子、新しい色ができる不思議さ、グラデーションの美しさを感じてみましょう。

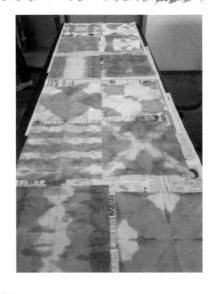

準備するもの

- 和紙（障子紙）
- 絵の具
- 水
- 絵の具をとかす容器（深めの皿）3個
- 筆（絵の具を水にとかすため）
- 新聞紙

つくり方

筆でつけてもいいよ

1 容器に絵の具を入れ、水でとかします。

2 正方形に切った和紙を自由に折り、角や折り目を**1**につけます。

3 和紙を広げ、新聞紙の上で乾かします。

使用する和紙は、半紙より障子紙のほうが丈夫です。絵の具の濃さは、いろいろ試してみましょう。色の種類は多すぎると混ざりあったときに汚くなるので、3原色が適当でしょう。折るだけでなく、くしゃくしゃに丸めて絵の具につけても、味のある折り染めができますよ。

発展

和紙の折り染めを使って七夕飾りなどをつくるのもいいですね。また、水がしみ込んでいく性質を利用して、にじみ絵や染め物に遊びを発展させていくこともできます。

『8歳までに経験しておきたい科学』 J.D. ハーレン／ M.S. リプキン著、
深田昭三／隅田学監訳　北大路書房　2007 年
幼児期の子どもを対象に、経験しておきたい体験や総合的な活動などを紹介しています。翻訳本のため、
日本の現場になじまない活動などもありますが、空気、水、磁石、気象、簡単な機械など項目ごとに
科学概念が整理されており、わかりやすいです。本書も大いに参考にしました。

『みんなにおくろう　手づくりカード』妹尾里佳／山本じゅん著　ひかりのくに　1997 年
年賀状、クリスマスなど季節のカード、バースデーカードなど比較的簡単につくれるカードが紹介さ
れています。また、つくり方もスタンプ、ステンシル、紙工作など多様。多くの作品が掲載されてい
るわけではありませんが、幼稚なものはなく、センスの良い作品が精選されています。

『ひとしずくの水』ウォルター・ウィック作、林田康一訳　あすなろ書房　1998 年
ユニークな写真科学絵本。ページをめくるたびに、変化する水の表情に驚かされます。最も印象的な
のは、びんの中の水に青色の水をひとしずく落とした連続写真。静寂のなかで水の分子が動き回って
いるということがわかります。「表面張力」「毛細管現象」などもわかりやすく説明されています。

『よわいかみ　つよいかたち』かこさとし著／絵　童心社　1988 年

『かみであそぼう　きる・おる』こすぎけいこ作　福音館書店　1992 年

『じどうはんばいきのしくみ』あきつきまくら文、うかいふゆか絵　岩崎書店　2002 年

『ふしぎなナイフ』中村牧江／林健造作、福田隆義絵　福音館書店　1997 年

『せかいはなにでできてるの？』キャスリーン・ウェドナー・ゾイフェルド作、
ポール・マイゼル絵、ながのたかのり訳　福音館書店　2009 年

 **事例**

橋をつくろう　5歳児6月

　赤土の山で、二人の女児が実習生と一緒に川をつくっています。

　「橋をつくりたい」とユキ、「どうしようか」と実習生。しばらくしてユキが「かたい土で」と言うと、川を掘っていたリサコが「木をつかったら」と提案。「さっきケイゴくんが持っていたのいいね」と実習生は言い、赤土の山に置いてある直径1cm、長さ約25cmの枝をもってきて、ユキと場所を相談し枝の橋を架けました。

　ユキは、ちょうど橋にのるくらいの小さな団子をつくり「わたっている人」と言い、橋の上にのせました。実習生が「人もいるのね」と言うと、リサコが「木、もっとつかえば」とポソッとつぶやきました。「いいこと考えたね」と実習生。リサコは小枝を探しにいき、細い枝を数本もってきて、橋づくりに参加。数本の枝を隙間なく置き、5〜6cmの橋の土台ができました。

　「やわらかい土をかけてから、かわいた土をのせるの」とリサコ。「いい考え」と応じる実習生。ユキは少し湿った赤土を黙々と置いています。リサコは手で泥水をすくって橋へもってきて、少しずつかけようとしています。実習生は、橋の土台に丁寧に赤土をつけています。

　見事な橋ができると、ユキは満足げに「人もつくらないと」と言い、リサコと一緒に細い枝と赤土を組みあわせた人をつくりだしました。

　ユキの思いは、「自分たちのつくった川に橋を架け、人を通す」というところにあったようです。漠然としたその思いは、リサコのアイデアから急展開します。身のまわりにある自然を取り入れ、土の性質を考えながら橋をつくっていきました。

　枝を土台にするという考えは、どこから浮かんだのでしょうか。おそらく、生活や遊びのなかでの経験をリサコは生かしたのでしょう。自分の体験してきたことと遊びとを関連づけて考えていくことに子どもの学びがあります。また、この遊びを通してユキも経験を一つ増やしたことでしょう。

　充実した遊びを展開するためには、保育者の役割も重要です。この実習生は自分の考えを押しつけるのではなく、子どもの気持ちに共感しながら、問いかけたり、方向づけたり、価値づけたりしています。遊びの発展ばかりに目を向けるのではなく、子どもの思考を助けるような援助をしていくことが大切です。

粘土って気持ちいいね　3歳児4月〜5歳児5月

　入園間もない子どもたちの安心できる居場所の一つとして、小麦粉粘土のコーナーを設けました。初めてさわる小麦粉粘土の心地よい感触に魅力を感じたようで、入れかわり立ちかわり多くの子どもが、そのコーナーへやってきました。何かをつくるというよりも、丸めたりのばしたりしながら感触を楽しみ、友達との出会いの場にもなっていました。麺棒やクッキーの抜き型を出すと、共通のイメージができて食べ物づくりが流行しました。

　秋になり、子どもからの要望で再び小麦粉粘土のコーナーを設けました。どんぐりや廃材などほかの素材も一緒に置くと、イメージが広がったようです。写真は、ピスタチオの殻をヘビにつけて個性を表現しています。感触を楽しむ遊びからイメージしたものをつくる遊びへと変化してきました。また、子どもからも「とっておきたい」という声が多く出てくるようになりました。

　そこで、紙粘土を準備しました。小麦粉粘土を十分に体験したので、この頃になると、色がついていなくてもイメージした物をつくることができます。また、紙粘土が乾くまでの2〜3日間を待つこともできるようになりました。

　　その後も紙粘土や油粘土で遊ぶ機会は多くありましたが、5歳児5月、新しい紙粘土との出会いがありました。『ねんどクリーム にゅるにゅる（「かがくのとも」2003年5月号）』の配本をきっかけに、ねんどクリームでのケーキづくりが大流行。軽量紙粘土、水、絵の具を入れて混ぜあわせてクリームをつくるのも楽しさの一つです。また、プリンカップなどの廃材やビーズやスパンコールなど様々な素材を組みあわせて、満足のいくオリジナルケーキがつくれたようです。

　　初めは小麦粉粘土の感触を楽しんでいますが、興味をもって繰りかえしかかわるうちに、小麦粉粘土の性質を生かし使いこなすようになっていきます。やがて作品づくりへと遊びが変化し、「腐ってしまう」という小麦粉粘土の別の性質が浮かび上がってきます。その問題を解決するために紙粘土が登場するわけです。

　　今回のタイミングは、子どもの思いと発達にぴったりと合っていたようで、無理なく遊びに入っていくことができました。さらに、5歳児クラスになってから別のタイプの紙粘土と出会います。そうやって、様々な物との出会いを通して、物の性質を体験的に理解していくのです。

あっ、花火！　5歳児7月

　広汎性発達障害が疑われるケンタは、保育者のポケットに入っていたタオルを取り出し水に濡らしました。相手にしてほしかったのでしょう。ケンタが濡れたタオルを保育者のズボンにつけると、紺色のズボンは色が濃くなりました。色が変わったことが楽しかったのか、保育者が「やめて」と言っても、まったく聞き入れません。そばにいた養護教諭のTシャツにもタオルをつけにいきましたが、白いTシャツの色は変わりませんでした。不思議に思ったようで、また保育者のズボンにタオルをつけて変化を見ています。

　水がしみ込むことで布の色が変化することに興味を抱いたようだったので、保育者は「もっとおもしろいことできるから、来てごらん」と保健室前のコンクリートのところへ行き、タオルをしぼらせました。コンクリートに水がしみ込んでいく様子を見たケンタは、「あっ」と驚き、うれしそうな表情になりました。タオルの水をまわりにもたらし、「花火！」。「もっとたくさん描こうよ。いいところ教えてあげるよ」と保育者が言うと、ケンタはついてきました。

　古い絵の具の筆と水を入れたカップを用意し、クラスの前のコンクリートに水で絵を描いていると、3人の子どもが加わりました。翌日には、その遊びは絵の具に発展していきました。

　ケンタは、水がしみ込むと色が変わる布があるということを偶然にみつけ、繰りかえし試すことで水の性質に気づきました。一方、白い布は水がしみ込んでも色の変化はさほどありません。そこには子どもなりの探求していく姿が見られます。

　環境のなかにある、それぞれのものの特性を生かすとは、たとえば水ならば「重さがある」「水に物が浮かぶ」「姿を変える（たとえば、蒸発）」「物をとかす」「ほかの物にくっつく」「ほかの物にしみ込む」といった水の性質を保育者は理解しながら、環境を再構成し、遊びをうながすことが大切です。

　とくに、発達障害をもつ子どもに対しては禁止をするのではなく、彼らの興味や関心を生かしながら、他児にとっても魅力的な遊びになるように環境を構成したり、提案をしたりしていくとよいでしょう。

　この事例では、ケンタの興味や関心は絵の具へと変化していきましたが、「ほかの物にしみ込む」といった水の性質を生かして、折り染めなど様々な染め物、園庭に絵を描くなども提案することができますね。

03 季節感を味わう

内容（3）季節により自然や人間の生活に変化のあることに気付く。

　中学生のとき国語の授業で習った清少納言の『枕草子』の第一段をふと思い出すことがあります。誰もが知っている一節です。

　春はあけぼの。やうやうしろくなりゆく山ぎは、すこしあかりて、紫だちたる雲のほそくたなびきたる。
　夏は夜。月のころはさらなり、闇もなほ、蛍のおほく飛びちがひたる。また、ただ一つ二つなど、ほのかにうち光りて行くもをかし。雨など降るもをかし。
　秋は夕暮。夕日のさして山の端いと近うなりたるに、烏のねどころへ行くとて、三つ四つ、二つ三つなど飛びいそぐさへあはれなり。まいて雁などのつらねたるが、いと小さく見ゆるは、いとをかし。日入り果てて、風の音、虫の音など、はた言ふべきにあらず。
　冬はつとめて。雪の降りたるは言ふべきにもあらず、霜のいと白きも、またさらでもいと寒きに、火などいそぎおこして、炭持てわたるも、いとつきづきし。昼になりて、ぬるくゆるびもていけば、火桶の火も白き灰がちになりてわろし。

　目をつぶると、情景が思い浮かびませんか。それぞれの季節の象徴的な色を感じるのは私だけでしょうか。四季のある日本で暮らせることを幸せに思う瞬間です。清少納言は、太陽の光、月、雲、雨、雪、霜、風の音、蛍、虫の声、烏、雁、火桶にそれぞれの季節の風情を感じ表現しています。
　ところで、なぜ四季があるのでしょうか。地球は太陽のまわりをほぼ円形の軌道で公転しながら自転しています。ただ、（地球の）公転の軸と地軸（自転軸）は23.4度傾いています。このため、公転軌道上の地球の位置によって、日本の場合、太陽光線が北半球に多く当たると夏、南半球に多く当たると冬、中間が春と秋になるのです。
　夏の太陽光線が一番多く当たる日は、昼間の時間が最も長くなります。この日を夏至といい、だいたい6月22日頃です。反対に昼間の時間が最も短い日は冬至といい、12月22日頃です。その中間で、昼間の長さと夜の長さが同じ日が、春分と秋分です。このような地球の動きにより自然は様々な表情を見せ、その変化を取り入れながら、人々は生活を豊かにしているのです。
　教室の窓から外を見てみましょう。季節を感じるものが見えますか。聞こえますか。木や草花、鳥のさえずり、空の色、雪や雨……。自然だけではなく、歩いている人の服装や立て看板など季節を感じるものが見えましたか。さぁ、戸外へ出て、季節感を全身で感じてみましょう。

　みなさんは、上生菓子をいただくことがありますか。和菓子店をのぞくと、季節感に気づかされます。春には桜の銘をつけたお菓子のほか、桃、菜の花、花菖蒲など春の草花、うぐいす、ほたるなどの生き物、おびな、めびな、かぶとなど節句にちなんだお菓子が並びます。上生菓子は「京菓子」とも言われ、茶の湯の隆盛が上生菓子の洗練と発展に大きな影響を果たしました。京の美しい風物と四季折々の年中行事が、人々の生活のなかで京菓子に生き生きとした役割を与えてきたのです。

行事の由来を知ろう

　幼い頃から様々な行事を体験してきたことと思います。でも一つひとつの行事の由来や意味を考えたことがありましたか。由来や意味がわかると日々の暮らしが楽しいものになると思います。そこで、ここでは行事の由来や意味、関連する事柄をまとめてみましょう。イラストを入れてもいいですね。

行事	由来や意味	関連する事柄
正月 （1月）	新しい年をもたらす「年神」という神様を迎える行事。先祖が年神として子孫のもとを訪れ、その年の豊作と、子孫の繁栄を約束してくれるものとされていた。新年の幸せと健康を祈り、あいさつをし、雑煮やおせち料理をいただく。	屠蘇（とそ）、雑煮、おせち料理（黒豆：豆のように元気に、田作り：豊作などの意味）、鏡餅、お年玉、しめ飾り、破魔矢、初詣
小正月 （1月）		
節分 （2月）		
ひな祭り （3月）	「桃の節句」とも呼ばれる女の子の成長と幸福を祈る行事。昔は、紙の「人形（ひとがた）」で体をなでて、自分のけがれを移して水に流す行事だったといわれている。女の子の節句と考えられるようになったのは江戸時代から。	菱餅の色は、雪と新芽と桃の花。あられの桃・緑・黄・白色は、春夏秋冬を表している。ちらし寿司や、はまぐりのお吸い物をいただく。
花見 （4月）	春になると山から下りてくる、田の神を迎えるための行事。田の神がとどまる桜の木の下で、神と人間とが一緒に飲んだり食べたりして、その年の豊作を祈った。	「サクラ」の「サ」には"田の神"、「クラ」には"神座（かみくら）"という意味がある。

行事	由来や意味	関連する事柄
端午の節句 （5月）		
母の日 （5月）		
衣がえ （6月）	もともとは平安時代に宮中で行なわれていた行事で、「更衣（こうい）の節」とも呼ばれていた。この行事は、衣服だけでなく、家具や室内の飾りつけも季節に合わせて取りかえられた。	制服
父の日 （6月）	アメリカで定められた記念日。「母の日」にならって、父親への感謝の気持ちを表そうとつくった。	アメリカでは父親にバラの花を贈る。
七夕 （7月）		

行事	由来や意味	関連する事柄
お盆 （8月）		
お月見 （9月）		
七五三 （11月）		
クリスマス （12月）		
大晦日 （12月）	正月を迎えるために欠かせないのは、除夜の鐘と年越しそば。除夜の鐘は、深夜12時をはさんで108回つかれる。108という数は、人間を悩ませる煩悩の数だと一般的にいわれている。年越しそばは、そばが細く長いことから、長寿や幸福を願うものとして食される。	大掃除、餅つき、買い物

ゴギョウ
（ハハコグサ）
3〜6月に黄色い
花が咲く。

春の七草

セリ
田のふちや水辺に
生えている。

ナズナ
3〜6月に白い花が咲く。
実を三味線のばちに見たてて
ペンペングサとも呼ばれる。

春の七草は、1月7日に「七草粥」としていただきます。これから始まる新しい1年を平和に暮らせることを願い、邪気を払う意味で平安時代から続いており、七草を使うようになったのは鎌倉時代からだということです。

それぞれに効用があるとのことですが、おせち料理や新年会など、飲んだり食べたりすることの多いこの時期に、疲れた胃腸をいたわり、不足しているビタミンを補うためにも有効です。

スズナ
（カブ）

ホトケノザ
（コオニタビラコ）
田んぼの土にくっついたように
生える。3〜5月に黄色い花
が咲く。シソ科のホトケノザ
とは別種。

ハコベラ
3〜10月に
白い花が咲く。
小鳥のエサに
することもある。

スズシロ
（ダイコン）

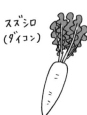

注）七草粥の頃には
まだ花は咲いてません。

ハギ
7〜9月に赤紫の
花が咲く。
落葉低木。

オバナ
（ススキ）
かやぶき屋根
の材料。

秋の七草

ナデシコ
7〜10月に花が咲く。

フジバカマ
淡い紫紅色の花が咲く。
香りがよいので風呂に入れる
ことも。環境省のレッドリスト
で絶滅危惧種に指定
されていて、なかなか見ること
ができない。

秋の七草は、秋に花の咲く草のなかから代表的なものを7種選んだものです。万葉集の山 上憶良（やまのうえのおくら）の歌「萩の花尾花葛花撫子の花女郎花また藤袴朝貌の花（はぎのはな　おばなくずはな　なでしこのはな　おみなえし　また　ふじばかま　あさがおのはな）」によるものです。春の七草とは違い、花を愛でて楽しみます。

クズ
8〜9月に赤紫色の花が咲く。
根からとれる粉は葛粉として
食用や薬用に使用される。

オミナエシ
黄色い粒のような
花が咲く。

キキョウ
万葉集ではあさがおと
言っていた。現在のアサガオ
は中国産。

体験する キャンパス自然マップをつくろう

大学構内の好きな場所の自然マップをつくりましょう。木や草花、虫、鳥、石など、自分の目で見て気づいたことを描いてみましょう。

準備するもの

- えんぴつ
- テキスト（直接描き込みたくない人は、紙）
- あれば植物図鑑、昆虫図鑑
- デジカメ

場所はグラウンドでも、校門から校舎までの道のりでも、どこでもかまいません。また、季節を変えて同じ場所に行ってみましょう。変化がはっきりとわかりますよ。

つくり方

1
大学構内のどの場所にするか決めましょう。

2
大まかなレイアウトを描きます。

3
さあ、教室から出発。

4
自分でマークを決めて記入してみましょう。

5
名前のわからない植物や昆虫は絵やデジカメで記録しておき、あとで調べましょう。

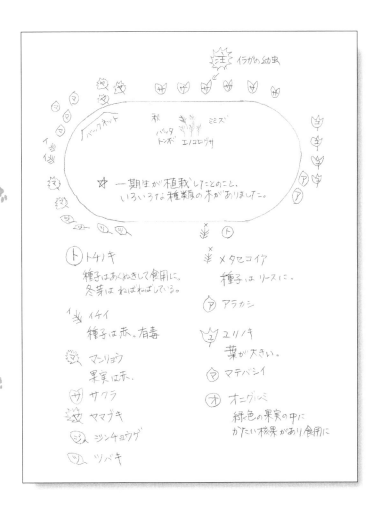

自然マップの例

　第 2 部　学びのポートフォリオ

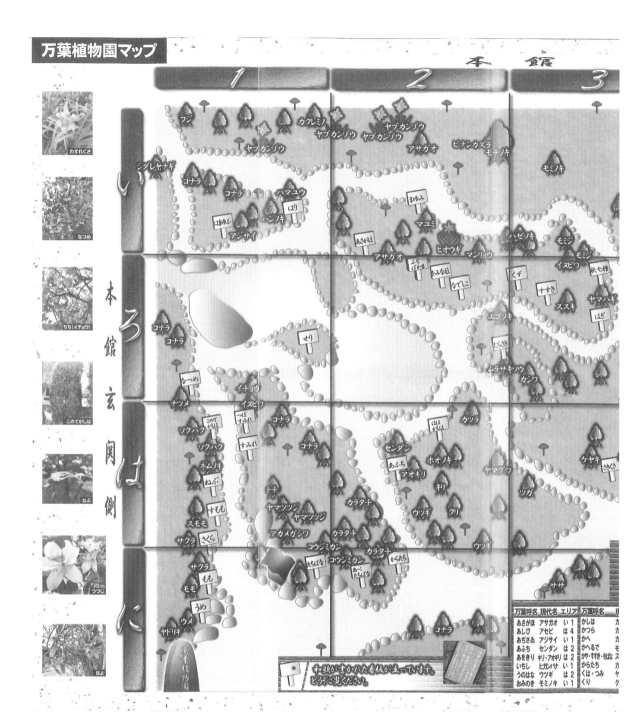

学生が製作した自然マップ
（平成 21 年度　常葉学園 Doing　万葉植物園活性化プロジェクト作成）

この植物園は、万葉植物の研究者であった教員を中心につくられたそうです。そしてマップは、大学のすばらしい財産を多くの学生に知ってほしいと願い、学生有志がつくったものです。サイドの植物の名前と自分たちで写した写真を載せるのは、わかりやすいですね。立派なマップは難しいかもしれませんが、自然マップ作成の参考にしてください。

春夏秋冬 —— 街の様子を調べよう

　人の生活は季節と密接に結びついています。通学途中の街で見かけた、季節感を味わえる風景を写真や絵、言葉で表現してみましょう。

2月　　14日（月）記録 大学のコンビニに春が来ました。桜餅や草餅のシーズンです。店頭では季節を先取りしていることが多いです。	**　　月　　　日（　）記録**
**　　月　　　日（　）記録**	**　　月　　　日（　）記録**
**　　月　　　日（　）記録**	**　　月　　　日（　）記録**
**　　月　　　日（　）記録**	**　　月　　　日（　）記録**

『楽しい気象観察図鑑』武田康男文／写真　草思社　2005 年
「虹はいつ、どこでできるのか」など素朴な疑問を、約 200 点の美しい写真と図で説明しています。様々な気象現象を紹介しながら、その背後にある科学を解説。また、どのようにしたら見ることができるのか、どのように見えるかなど著者の実体験も語ってくれます。

『植物（新・ポケット版 学研の図鑑 2 巻）』高橋秀男監修　学習研究社　2010 年
日本で自生している野外植物や花壇で栽培されている植物約 1100 種をコンパクトにまとめています。季節ごとにまとめられており、わかりやすい。野外観察に最適です。さらに巻末の植物情報館では、紙すきなどの遊びも掲載されています。同シリーズの『昆虫』もあわせて持っているといいです。

『こども　きせつのぎょうじ絵じてん　増補新装版』三省堂編修所編　三省堂　2009 年
「なぜお花見をするの？」など、大人でもすぐには答えられない年中行事・記念日の由来や歴史などがわかります。園で子どもが体験する年中行事が中心。幼児向けにイラスト入りで書かれた箇所に加えて、大人向けの解説もわかりやすく書かれています。

『14 ひきのもちつき』いわむらかずお作　童心社　2007 年

『しめかざり（たくさんのふしぎ傑作集）』森須磨子文／絵　福音館書店　2010 年

『ぐりとぐらの 1 ねんかん』なかがわえりこ作、やまぎわゆりこ絵　福音館書店　1997 年

『なく虫ずかん（みるずかん・かんじるずかん〈金の本〉）』松岡達英絵、篠原榮太文字、佐藤總明音、大野正男文　福音館書店　1991 年

『雲のてんらん会』いせひでこ作／絵　講談社　2004 年

事例

わー、おもちがのびてる！ 5歳児3月

　この園では毎年、ひな祭りに園内でとれたヨモギを使って餅つきをします。朝から餅米を蒸す良い香りがします。5歳児は、保護者や地域の方に教えてもらいながら、杵(きぬ)を持ってつきます。挑戦したい子は、一人で杵を持たせてもらいます。そばで順番を待っている子も、応援しながら思わず力が入ります。ついたお餅は、一部は菱餅にしてお雛様にあげます。残りは、その日のおやつにいただきます。

　保育の場では、季節の行事を大切にしています。伝統や文化の継承とともに、季節感を取り入れた園生活を体験することを通して、季節により自然や人の生活に変化があることに、子どもなりに関心をもつことを期待しているのです。ヨモギをつむとき、ひっそりと咲いているタンポポやオオイヌノフグリなど春の野草をみつけることができます。味わったり、香りをかいだりと、視覚にとどまらず五感を通して、季節による自然や人の生活の変化を体感しているのです。

幼稚園のビワ、おいしいね 4歳児・5歳児6月

　6月に入ると、年長組の保育室前にあるビワの木は、たくさんの実をつけます。保育者が一つ実を取り洗って食べると、気づいた子どもたちが寄ってきて同じように食べはじめます。ベンチに座ってゆっくりと皮をむき味わっています。保育者は、「このビワの木、ずっと前、年長さんがお弁当のときにもってきたビワの種をまいたんだって」と話します。

　蒸し暑さを感じる6月。戸外で遊ぶと汗ばむ季節です。ビワのほどよい甘みと水分で一息つきます。園内には、サクランボ、ナツメ、ミカンなど季節の実をつける木がたくさん植えられていますが、子どもが植えたビワは、味わう子どもたちにとって特別な意味があるのではないでしょうか。生命の営みや不思議さをより身近に感じることと思います。

　写真は、夏ミカンの収穫の日のものです。翌日は夏ミカンジュース屋さんです。自然の恩恵を私たちは受け、生活に生かしているのですね。

04 自然を取り入れて遊ぶ

内容（4）自然などの身近な事象に関心をもち、取り入れて遊ぶ。

みなさんは、どんぐり拾いは好きでしたか。

私は今でも大好きです。自宅付近の幹線道路の街路樹は、秋になるとどんぐりが歩道に落ちます。その落ちたどんぐりを見ると、ついつい拾いたくなるのです。

ところで、私は今、どんぐりと書きましたが、一口に「どんぐり」と言っても、実は20ほどの種類があります。自宅近くの街路樹は、正式にはブナ科マテバシイ属のマテバシイです。マテバシイの実は長細く、比較的大きめ。色は薄い茶色で、つやはありません。

拾い集めたどんぐりは、バケツに入れて水で軽く洗い、しばらく水につけておきます。それから、虫の入っていない沈んだどんぐりだけを取り出し、乾かします。修正液と油性ペンを使ってトトロを描いてみたり、段ボールでつくった写真フレームに貼ってみたり、染め物に使ったりと、様々な楽しみ方があります。スダジイという木のどんぐりをフライパンで炒って食べたり、クッキーに入れたりしたこともあります。まさに秋の恵みです。

クルミ、クリ、トチ、どんぐりは縄文人たちの主食だったといわれています。また、余った食物は穴や屋根裏に貯蔵して、必要に応じて取り出して食べていたと考えられています。なかでもどんぐり類の比重が高かったようです。大昔から、人は自然と共存し生きてきたのですね。

しかし、自然と共存しているのは人間だけではありません。ここ数年、クマによる被害の報道を聞くことが多くなりました。背景には、クマのえさとなるどんぐりが山になくなってきたことが挙げられます。戦後、森にスギやヒノキを植林したことによるどんぐりの減少や、害虫によるナラ枯れの発生、どんぐりの凶作などが考えられています。

みなさんは『どんぐりかいぎ』〔こうや・片山　1993〕という絵本を読んだことがありますか。この絵本は、どうしてどんぐりに「生り年」と「不生り年」があるのかを教えてくれます。絵本のなかのどんぐりの木たちは、実を小動物に食べつくされて困り、「どうしたら元気な若木を育てられるだろう」と会議を開きます。そして試行錯誤の末、どんぐりの実のなる年とならない年をつくることにして、小動物たちの数が増えないよう調整するようにしたというお話です。

植物界と動物界の微妙なバランス、自然の仕組みに不思議さを覚えるのは私だけでしょうか。

どんぐりのことを書いてきましたが、「自然などの身近な事象」として、木の実、季節の草花、河原の石、砂などがあります。そのほかにも風、雨、雪、氷、太陽など、気象にかかわることについても生活や遊びに取り入れてみるといいですね。

季節の素材でネームプレート

たとえば秋の木の実や木の葉を取り入れて飾ることで、秋という季節をいっそう身近に感じることができます。四季を生活のなかに取り込む体験は、生活に彩りを与えてくれることでしょう。

準備するもの

- 木の実、木の葉
- 30cm くらいのひも
  （麻ひもなど自然素材のものがよい）
- ダンボール
- 色画用紙
- のり
- ボンド、グルーガン、グルースティック
- セロハンテープまたはガムテープ

グルーガン とは

グルースティック（ろうそくのような固形樹脂）をとかし、接着する道具。熱すればとけ、冷えれば即、接着力が出るので、リースなど面が平らでないものを接着するときに使用すると便利です。

つくり方

1. 段ボールを好みの大きさに切り、上に色画用紙を貼る。

2. 木の実や木の葉を、ボンドやグルーガンでバランスよく貼る。

3. 色画用紙に、名前や部屋の名前を書く。
   （ネームプレートでなく、写真などを直接貼ってもよい。）

4. ひもの両端をそれぞれ結び、ダンボールの裏側にセロハンテープやガムテープで貼る。

結び目　　うら面

セロハンテープ または ガムテープ

ネームプレートの完成写真は、実は数年前に作成したものです。みなさんも容易に想像できるかと思いますが、木の葉は時間の経過とともに水分が蒸発し、しおれてしまいます。完成度の高い飾りをつくるためには、一手間かけることが必要です。

（1）落ちたばかりの木の葉を集めてきたら、ボールやバケツに水を張り3時間くらいつけておきます。しおれかけていた木の葉もピンと伸びます。ちなみに押し花をするときにも効果がありますよ。

（2）木の葉を布でふき、新聞紙にはさんで重しをのせておきます。

（3）木の葉がよく乾いてから使いましょう。

※木の実も水につけておくことで、中にいるかもしれない虫を駆除することができます。

木の実や木の葉で何ができるかな

調べる・考える

ほかにも木の実や木の葉を利用した楽しい遊びがあります。子どもの頃の経験を思い出しながら、調べてみましょう。遊び関連の図鑑や、小学生の頃に使用していた生活の教科書にも載っています。

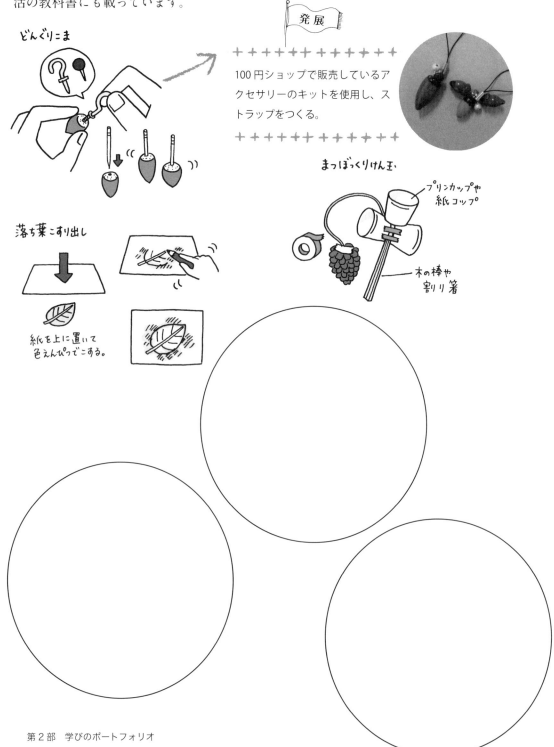

どんぐりこま

発展
+ + + + + + + + + + + +
100円ショップで販売しているアクセサリーのキットを使用し、ストラップをつくる。
+ + + + + + + + + + + +

まつぼっくりけん玉

プリンカップや
紙コップ

木の棒や
割り箸

落ち葉こすり出し

紙を上に置いて
色えんぴつでこする。

コラム　植物たちの命をつなぐ旅

みなさんは、「マジックテープ」を知っていますか。最近では、子ども用のスニーカーや介護用のパジャマなどに多く使われています。ひもやボタンよりも二つのものを簡単にしっかりとつけることができるからですね。このマジックテープは、いわゆる「ひっつきむし」と呼ばれる種の性質を応用してつくられたと言われています。「ひっつきむし」は、哺乳動物の毛皮や人間の衣服にくっついて種を別の場所に運んでもらうのです。『ひっつきむしの図鑑』〔北川他　2003〕によると、いろいろな形のひっつきむしが存在することがわかります。

堅いフック型　　柔らかいフック型　逆さトゲ型　　　イカリ状のトゲ型　ヘアピン型　　　粘液型
オオオナモミなど　ヌスビトハギなど　アメリカセンダン　オニルリソウなど　イノコズチなど　メナモミなど
　　　　　　　　　　　　　　　　　グサなど

　では、ほかの種では別の土地で芽を出すために、どのような方法で命をつなぐ旅をするのでしょうか。

風に乗って
・綿毛のついている種　タンポポ、アザミなど　　　・翼のついている種　ヤマユリ、スイバなど
・プロペラのような羽をつけた種　イロハモミジ、ユリノキなど

風に運んでもらうために様々な工夫があります。まず、形を工夫することでゆっくりと落ちていきます。次に、風に乗って遠くへ行くために、できるだけ高い位置から飛ばそうとします。たとえばタンポポは、花が終わると、さらにその茎を伸ばして高い位置に種を掲げます。そして強い風が吹くときを待ち、種を飛ばすのです。

水に流されて　ハス、ミズバショウなど
長時間にわたって水に浮きつづけるために、種のなかにはコルク質の部分を発達させて比重を軽くしたり、種の表面にロウのような物質を出して防水をしたりするものもあります。

動物が食べる
・リスやネズミが運ぶ木の実　コナラ、オニグルミなど
　リスやネズミが冬に蓄えたものの、食べ残したり忘れたりした種が発芽します。
・鳥が運ぶ木の実　ナンテン、ナナカマドなど
　鳥が好きな大きさや色（赤や黒）の木の実。鳥が食べ、別の場所でフンと一緒に種を排出します。
・ニホンザルやクマなどが運ぶ果実　カキ、ヤマモモなど
　ビワのような大きな種はその場で吐き出しますが、小さな種が多数入っているときには、果肉とともに飲み込みます。種はフンと一緒に排出されます。

はじける　ホウセンカ、スミレなど
きょうだい間の光や水をめぐる競争で共倒れになることを防ぐため、子どもたちをできるだけ散らばらせようと、さやをねじったり、皮を巻いたりして種を飛ばします。コスミレの種は、おおよそ2〜5m飛びます〔鷲谷2002〕。

体験する 2 色とりどりの水

子どもの頃に色水をつくって遊んだことがある人も多いと思います。その頃とは違ったおもしろさを発見することができるかもしれませんね。

準備するもの

- 花（アサガオ、サルビア、マリーゴールド、コスモス、ヨウシュヤマゴボウなど）
  適量（たとえば、アサガオなら4〜5枚）
- 水　少量
- ビニール袋
- プリンなどの空き容器

 つくり方

1. 花と水をビニール袋に入れる。

→

2. よくもむ。

→

3. ビニール袋の下の端を切り、プリンカップに色水を入れる。

 応用

- **折り染めに使う**（方法は81ページ）
  絵の具の代わりに、花でつくった色水を使ってみましょう。

- **絵を描く**
  絵の具の筆を使って、季節の絵手紙を描いてみるのもいいですね。

 発展

＋＋＋＋＋＋＋＋＋＋＋＋＋＋＋＋＋＋＋＋＋＋＋＋＋＋＋＋＋＋＋＋＋＋＋＋

今回は、花をよくもむことで色水をつくりましたね。この方法より手間が少しかかりますが、花や葉、実などを煮て色水をつくり、染め物に利用することもできます。タマネギの皮やお茶、紅茶など台所にあるものでもつくることができます。

媒染（色素を布によく吸収させたり、発色をよくしたりするための工程）には、スーパーマーケットの漬け物コーナーや薬局で手軽に購入することができる「みょうばん」を使うとよいでしょう。媒染を行わないと、洗濯をしたときに色が落ちやすくなります。

紅茶で染めたハンカチ

体験する3 出航！ 帆かけ舟

風を受けて水面を進む帆かけ舟をつくってみましょう。日常生活のなかで強く意識していなかった風や風の向きなどに気づき、そこから気象への興味が深まるといいですね。

準備するもの

- 牛乳パック（1L） 1本
- 割り箸 1膳
- ガムテープ
- ホチキス
- 油性ペン
- はさみ
- うちわ

つくり方

1 牛乳パックを二つに分けるため、縦のまん中に線を引く。分ける方向に注意！

2 線に沿って牛乳パックを口のほうからはさみで二つに切る。

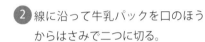

3 半分に切った牛乳パックの片方の口をホチキスで2ヵ所留め、その上からガムテープを貼る。

7 水に浮かべ、うちわを使って帆に風を当てる。

6 帆を割り箸にはさんだら完成。柄の入ったテープなどを貼ってもいいですね。

4 割り箸をガムテープで貼りつける。先を上にして、割れ目の方向に注意！

5 もう片方の牛乳パックを開き、帆の形を決めてはさみで切り、ペンで絵を描く。

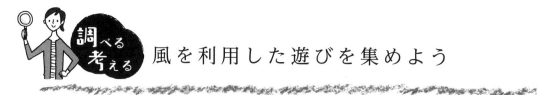

調べる 考える　**風を利用した遊びを集めよう**

遊びの名前・絵など	準備するもの・遊ぶ場所	つくり方・遊び方
シャボン玉 [写真]	材料：水、台所用中性洗剤、洗濯のり（PVA）、グリセリン、ストロー、ハンガー、モール、毛糸、うちわの骨 用具：トレイ、絵の具、画用紙、シャボン玉液、軍手	（1）水825ml、台所用中性洗剤225ml、洗濯のり（PVA）225ml、グリセリン225mlを1.5Lのペットボトルに入れてつくる。 ※グリセリンを加えるとシャボン玉は丈夫になるが、目に入ると危険なので、吹く活動の場合には使わない。 ※子どもだけで遊ぶ場合は、台所用中性洗剤を使用するのは危険なので配慮が必要。 （2）水：洗濯のり（PVA）：台所用中性洗剤を20：10：1で混ぜあわせる。詳細は次ページのノートを参照。
PHOTO または イラスト		
PHOTO または イラスト		
PHOTO または イラスト		

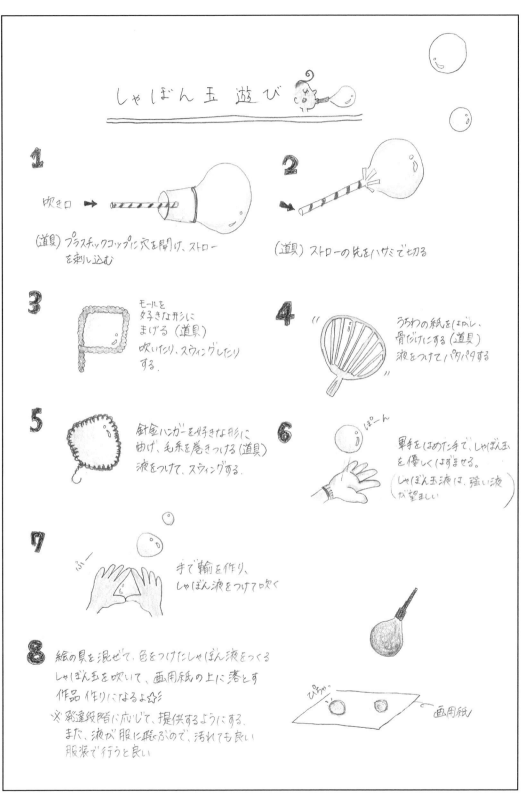

しゃぼん玉 遊び

1
吹き口 ➡

（道具）プラスチックコップに穴を開け、ストロー
を刺し込む

2
（道具）ストローの先をハサミで切る

3
モールを
好きな形に
まげる（道具）
吹いたり、スウィングしたり
する。

4
うちわの紙をはがし、
骨だけにする（道具）
液をつけてパタパタする

5
針金ハンガーを好きな形に
曲げ、毛糸を巻きつける（道具）
液をつけて、スウィングする。

6
ぽーん
軍手をはめた手で、しゃぼん玉
を優しくはずませる。
（しゃぼん玉液は、強い液
が望ましい）

7
ふ
手で輪を作り、
しゃぼん液をつけて吹く

8
絵の具を混ぜて、色をつけたしゃぼん液をつくる
しゃぼん玉を吹いて、画用紙の上に落とす
作品作りになるよ☆彡
※発達段階に応じて、提供するようにする。
また、液が服に飛ぶので、汚れても良い
服装で行うと良い

ぴちゃ
画用紙

学生が作成したノート

＊土壌汚染を防ぐため、残ったシャボン玉液はシンクに捨てましょう。

BOOK さらに学ぶために

『ひろってうれしい知ってたのしい　どんぐりノート』いわさゆうこ／大滝玲子作　文化出版局　1995 年
木の実や葉などの詳細な情報が 1 ページに 1 種類、イラストを交えてわかりやすく掲載されており、普通の図鑑とは趣が異なります。巻末には実践で活用できる遊びなども紹介されています。このシリーズはほかに、『まつぼっくりノート』『野の草ノート』『20 本の木のノート』があります。

『ひっつきむしの図鑑』北川尚史監修、丸山健一郎文、伊藤ふくお写真　トンボ出版　2003 年
「果実やそれに連なる部分に付着するための構造を特に発達させている植物」を基準に「ひっつきむし」だけを紹介した図鑑です。服につくと厄介な「ひっつきむし」ですが、よく見るとフックの部分がそれぞれ違って個性的で、かわいささえ感じます。フィールド版（縮小版）も出版されています。

『苔（こけ）とあるく』田中美穂著、伊沢正名写真　WAVE 出版　2007 年
古本屋の店主である著者が、観察会への参加をきっかけに苔に魅了されます。家のまわりを探索すれば、すぐにみつかる苔。ルーペでのぞくと広がる美しき世界。標本をつくってみたり、食べてみたり、苔への探究心は研究に発展していきます。ページをめくるごとに著者と苔の虜（とりこ）になることうけあい。

おすすめ 絵本

『どんぐりかいぎ（かがくのとも傑作集）』こうやすすむ文、片山健絵　福音館書店　1995 年

『くうきはどこに？』フランクリン・M・ブランリー作、ジョン・オブライエン絵、
おおにしたけお／りゅうさわあや訳　福音館書店　2009 年

『やさしいかがくの工作6　かぜのこうさく』武井史郎著　小峰書店　1998 年

『杉山きょうだいのしゃぼんだまとあそぼう（かがくのとも傑作集）』
杉山弘之／杉山輝行文と構成、吉村則人写真、平野恵理子絵　福音館書店　1993 年

『じめんのうえとじめんのした』アーマ・E・ウェバー 文／絵、藤枝澪子訳　福音館書店
1968 年

事例

ハートのケーキのつくり方　5歳児6月

　二人の女児がケーキをつくっています。土台は赤土ででき
ており、そばにあったバケツを使ってつくったということが
形からわかります。上には、シロツメグサなど数種類の様々
な色の花や葉が美しく飾られています。さらに、ペットボト
ルのキャップに集めてきた、きめの細かい白い砂を上からふ
りかけています。きっと粉砂糖に見立てているのでしょう。
素敵なケーキができました。

　次にトモミが「今度はハートのケーキ、つくろう」とアイ
に言いました。アイはうなずき、飾ってあった花や葉っぱを
はずすと、いとも簡単に土台を崩してしまいました。

　トモミが両手でハートの形をつくり、アイが赤土を入れま
す。「ギューギュー、おしてね」「うまくいかないな……」、ト
モミがつぶやきます。「手が悪いのかな」と言いながら、二
人で両手を使ってハートをつくり比べます。「こんどは、私」
とアイ。でも、交代してもうまくいきません。トモミは「丸
くなっちゃう。どうしたらいいんだろう」と言いながら、そ
ばを通りかかった実習生を見ます。

　「固めて、整えたら」と実習生。たったこれだけの言葉で
したが、「そうそう、最初に丸をつくって、ハートにすれば
いいんだよ」とトモミが言い、二人の表情は明るくなりまし
た。赤土を集めて固めてから、ハートの形の土台をつくりま
す。そして、その上に花や葉をのせていきました。「このお花
でハートをかこう」とトモミ。でき上がるとアイは、「できたよ、先生」と実習生を呼びに行きました。

✏️　5歳児の二人は、砂や土の性質をよく知っているようです。さらに、飾りつけもかなり工
夫しています。体験の積み重ねにより、少しずつ素敵なケーキができたのでしょう。写真の
ように、3歳の頃はカップなどに砂をつめるところから始まり、保育者が砂の上に小枝や花
をのせたのを真似をするところから少しずつ遊びが
プラスされていきます。

　このような興味や関心に基づいた遊びを十分に繰
りかえすことで、子どもの自然など身近な事象への
関心が高まっていきます。単に花の名前を知る、砂
や土の性質を知るといった知識を得ることではな
く、自然の豊かさや仕組みに心を動かし、その子な
りに遊びに取り入れていくことが大切なのです。

05 生命の営みにふれる

内容（5）身近な動植物に親しみをもって接し、生命の尊さに気付き、いたわったり、
大切にしたりする。

　私たちの生きている地球は、46億年前に誕生したといわれています。みなさんは、地球生命の進化について考えたことがありますか。ここに一冊の絵本があります。バージニア・リー・バートンの『せいめいのれきし』です。「地球上にせいめいがうまれたときからいままでのおはなし」という副題にあるとおり、地球上での生命の歴史をプロローグから5幕、エピローグまでの一つの大きな劇に仕立て、舞台の袖に登場するナレーターたちが「せいめいのれきし」を語っていくのです。

> 　考えられないほど大昔、太陽がうまれました。そしてこの太陽は、何億、何兆という星の集りである、銀河系とよばれる星雲のなかの、ひとつの星です〔バートン　1964〕。

　太陽の誕生からプロローグが始まります。カンブリア紀の海に生まれたいきものから1幕の「古生代」の幕が上がり、恐竜の全盛期である「中生代」、哺乳類や種子植物が著しい発達を遂げた「新生代」、人間が登場する「現世」まで、生態系の進化していく様子が生き生きと表現されています。そして、5幕の「このごろの人々の生活」。エピローグでは、

> 　さあ、このあとは、あなたがたのおはなしです。（中略）いますぎていく一秒一秒が、はてしない時のくさりの、新しいわです。いきものの演ずる劇は、たえることなくつづき──いつも新しく、いつもうつりかわって、わたしたちをおどろかせます〔バートン　1964〕。

　壮大な生命の歴史を背景に、今私たちは生き、また生命の歴史をつくっていくのです。半世紀も前に書かれた絵本なので、新しい知見とは食いちがっている部分もありますが、一人ひとりの命の重さを再確認させてくれます。

　バートン女史は「はてしない時のくさりの、新しいわ」という言葉を使っていますが、生命の歴史という「くさり」です。これに対してもう一つの「くさり」があります。それは同じ時代の「くさり」、いわゆる食物連鎖です。生命の営みを考えるにあたっては、この二つの「くさり」（＝つながり）を保育者として意識することが大切です。

2010年は、国連の「国際生物多様性年」でした。地球上の生き物は、知られているものだけで約175万種にのぼるといわれています。ここには動物や植物だけでなく、細菌のような微生物も含まれます。たとえば、薬は植物や動物など自然界から採取されています。一つの生物が絶滅すると、ほかの動植物にも影響して生態系のバランスが崩れてしまい薬も採取できなくなります。生物の多様性がもたらす「めぐみ」により私たちの豊かな生活は成り立っているのです。

体験する 1 Crazy Grass Head！

芝生の人形をつくってみましょう。完成したら名前をつけて育てると、きっと愛着がわくと思います。写真は、作成から約3ヵ月経過したクレイジー・グラスヘッドのミミちゃんです。

準備するもの

- 古いソックス　1本
- はさみ
- 芝草の種　約5g（ホームセンターで販売している。冬には店頭に出していないことも）
- 乾いた培養土　約500ml
- 輪ゴム　1本
- フェルト　少量
- ボンド
- コップ（ジャムの空き瓶などを利用するとよい）

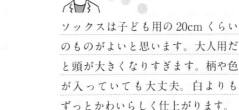

ソックスは子ども用の20cmくらいのものがよいと思います。大人用だと頭が大きくなりすぎます。柄や色が入っていても大丈夫。白よりもずっとかわいらしく仕上がります。

つくり方

① 芝草の種をソックスのつま先に入れ、厚い層になるようにする。

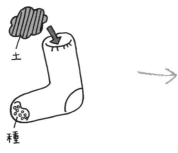

② 土を押しながら入れ、固い頭をつくる。

二人で協力して土を入れている

③ 風船のように口をしばる。

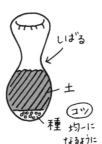

④ 顔の真ん中をつまみ出し、輪ゴム
　　で留め鼻をつくる。

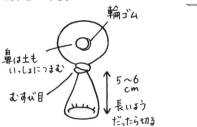

輪ゴム

鼻は土も
いっしょにつまむ

むすび目

5〜6
cm

長いよう
だったら切る

⑤ フェルトで目と口をつくり、
　　ボンドで貼りつける。

⑥ 次の日の朝、水を入
　　れたコップに頭をの
　　せ、室内の日当たり
　　のよい窓際に置く。

髪の毛（芝草）が伸びてきたら、散髪をしましょう。
写真は、クリスマスに合わせて散髪をしてみました。

育てるコツ

● ソックスの下からコップの水を吸い上げるので、
　　乾かないように注意してください。

● よく日の当たる窓際に置きましょう。

● 3〜5日で発芽しますが、寒い時期はなかなか発芽しないこともあります。そ
　　の場合には、ちょっとした裏技を。透明のビニール袋をかけて、ビニールハウ
　　スと似たような環境を用意すると、発芽します。

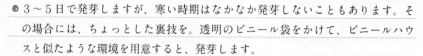

Point

　栽培のコツをお伝えしましたが、植物の生長には何が必要かわかりましたね。水（ミネラル）、日
光、熱です。それともう一つ、二酸化炭素も必要です。植物は日光が当たると、葉から二酸化炭素
を取り入れ、根からミネラルのとけ込んだ水を取り入れて栄養物をつくります。これが光合成の仕
組みです。

　一方、動物はたとえ日光があったにしても、空気やミネラルを含んだ水だけでは栄養をとること
はできません。動物は植物を食べたり、植物を食べる動物を食べたりして、栄養をとっているのです。
私たち動物は、植物のおかげで生きています。だから植物中心の環境をつくらなければいけないの
ですね。

体験する2 花を育てよう

オーソドックスな春まきの種と秋に植える球根を紹介します。ほかにも花はたくさんあるので、図鑑やガーデニングの本なども参考にしながら、育ててみるのもいいですね。

準備するもの

- 種
- 植木鉢（直径 15cm 以上）
- 土や腐葉土
- シャベル
- スコップ
- じょうろ
- 肥料
- 支柱

アサガオの栽培

1 種まき

発芽最適温度は、25℃前後。関東地区では 5 月上旬頃がまきどき。早く発芽させるためには、ヘソ以外の表皮をナイフなどで傷つけ、一晩水に浸して水をよく吸収させる。
鉢には、下から小石、肥料、腐葉土を混ぜた土の順に入れる。約 1.5cm の穴を指で空け、種のへそを下にしてまく。

2 水のやり方

鉢の下から水がしみだすくらい、たっぷりとやる。

3 肥料

双葉の養分を使い終わると、土のなかの養分を吸収しはじめるので追肥する。
固形肥料の場合：根元から少し離して置く。
液体肥料の場合：水で薄めて 3〜4 日に 1 回与える。

4 支柱立て

つるが伸びてきたら、シノダケやプラスチックの棒針金を組みあわせて図のような支柱を立てる。つるがどんどん伸びるので、下から螺旋状に巻きつかせる。

アサガオは、ヒルガオ科の一年草です。日光がとても好きなので、日当たりのよいところに植木鉢を置きましょう。直接庭にまくこともできますが、今回は鉢で育ててもらいました。咲き終えた花殻は、色水などで遊んでみましょう（102 ページを参照）。

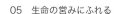

チューリップの栽培

準備するもの
- 球根
- 植木鉢
- 土や腐葉土
- シャベル
- じょうろ

球根の選び方
- できるだけ大きくて重いもの、押してみて固いものを選ぶ。
- 皮がはがれているもの、傷や斑点のあるものは避ける。

鉢に植える

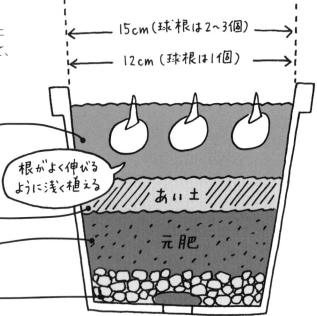

15cm（球根は2〜3個）
12cm（球根は1個）

根がよく伸びるように浅く植える

あい土

元肥

⑤ たっぷりと水をやる。日常的には、土の表面が乾いたら水をたくさん与えて、水不足にならないように注意する。

④ 土を入れ、球根を植える。鉢やプランターの場合には、頭が出るくらいの深さに。

③ あい土を2〜3cm入れる。あい土は、球根に肥料が直接つかないようするための土。

② ゴロ土の上に元肥（堆肥や腐葉土に化学肥料を混ぜたもの）を入れる。

① 鉢の底にゴロ土を敷く。

　チューリップの球根は、植える場所によって、植える深さが違います。鉢やプランターの場合には球根の頭が出るくらいに、花壇の場合には球根の高さの3倍の深さに植えてください。肥料はとくにいりません。球根は花を咲かせるだけの養分をたくわえているので、次の年も咲くような球根をとるのであれば必要ですが、元肥だけで十分です。
　チューリップ以外にも、クロッカス、スイセン、ヒヤシンス、アマリリスなどの球根があります。水栽培も行ってみて、土の下に隠れている根の様子も観察するといいですね。

体験する3 野菜を育てよう

　プランターでも栽培可能なミニトマトやハツカダイコンの栽培方法を紹介します。もちろん、栽培園がある学校では土づくりから始めて、本格的な野菜づくりをしてみるといいですね。

ミニトマト

準備するもの
- 苗
- 鉢またはプランター
- 園芸用土
- 化成肥料
- シャベル
- じょうろ
- 支柱

1 苗の準備
園芸店で苗を買う。種類がいろいろあるので特徴を店の人に聞き選ぶ。
良い苗　・茎が太い　・節がつまっている　・葉の色が濃い
　　　　・病気や害虫におかされていない

2 植えつけ
直径30cmくらいの太めの鉢に、市販の園芸用土と化成肥料を入れて植えつける。支柱を立てて、茎をゆるく結びつけてから、水をたっぷりやる。

市販の園芸用土
化成肥料
ゴロ土

プチッ

3 世話
土が乾いたら水をやる。1週間に1回、水で薄めた液体肥料を与える。葉のつけ根から出る脇芽はすべて摘みとる。

4 収穫
完全に熟して、真っ赤になった実から順番に収穫する。

ハツカダイコン

準備するもの
- 種
- プランター
- 園芸用土
- 化成肥料
- シャベル
- じょうろ

① プランターに直接、種をまく。

② 双葉が開いたら間引きし生長のいい株だけを残す。

③ 最終的に株の間隔が5～6cmになるように、間引きをする。間引いた苗はサラダに加えたり、みそ汁に入れて利用する。

④ 種まきから約1ヵ月、本葉が5～6枚になったところで収穫する。

　ミニトマトの品種には、レッドルビー、カナリーベル、アイコ、ピコ、イエローキャロルなどがあり、果実の大きさや形、色などが異なります。園芸店の人に特徴をよく聞き、育て方などもアドバイスしてもらうとよいと思います。まずは園芸店に足を運んでみましょう。

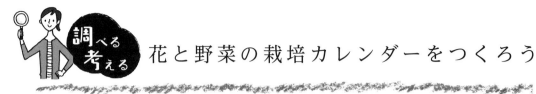

花と野菜の栽培カレンダーをつくろう

　スーパーマーケットへ買い物に行くと、ミニトマトは一年中販売されています。日常生活のなかで、旬を感じることが少なくなりました。しかし、種をまいたり、球根や苗を植えたりする時期を逃しては、花や野菜の栽培はできません。花や野菜の栽培や収穫の時期を調べてみましょう。

	1月	2月	3月	4月	5月	6月	7月	8月	9月	10月	11月	12月
アサガオ				……→		– – –→						
ヒマワリ												
チューリップ												
スイセン												
ミニトマト				……→ —→		– – – – – – –→						
ハツカダイコン												
チンゲンサイ												
サツマイモ												
ピーマン												
ジャガイモ												
ナス												
スナップエンドウ												
ラッカセイ												
キュウリ												
スイカ												

……→ 種、イモ、球根　　　——→ 苗、挿し芽　　　– – –→ 花、みのりの季節

　「イモ」と「挿し芽」って、何を指しているのかわかりますか？　「イモ」とは、ジャガイモの種イモです。種イモを園芸店で購入したら病気予防のために、包丁で半分に切って切り口をよく乾燥させるか、草木灰をつけてから植えます。「挿し芽」とは、サツマイモの苗のことです。サツマイモの蔓をイメージしてください。園芸店で販売しています。

体験する4　レッツ！　クッキング　トマトごはんの巻

　収穫したトマトと家庭で常備している素材を使って、簡単にできるメニューです。

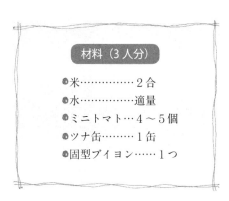

材料（3人分）

- 米…………2合
- 水…………適量
- ミニトマト…4〜5個
- ツナ缶………1缶
- 固型ブイヨン……1つ

つくり方

1 お米をとぐ。

2 お米と水を炊飯器に入れる。

3 洗ってヘタを取ったトマトと、汁を切ったツナ、ブイヨンを炊飯器に入れる。

4 炊飯器のスイッチを入れ、炊きあがったらお皿に盛る。刻んだ大葉を添えると一層おいしい。

調べる考える　夏野菜レシピ♪

　トマトごはんの味はいかがでしたか。次に、夏野菜を使ったレシピを調べて、つくってみましょう。おいしくできたら、忘れないようにレシピを書きとめておきます。写真を貼ったりイラストを描いたりするといいですね。

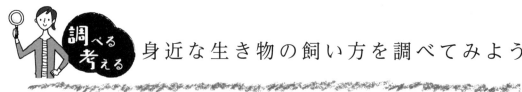

身近な生き物の飼い方を調べてみよう

調べる
考える

　地域によって差があると思いますが、私たちの身のまわりには多くの生き物がいます。水田がないような都会でも、公園はあると思います。また、道ばたの街路樹やブロック塀に、アリやダンゴムシなどはいるのではないでしょうか。オタマジャクシの飼い方を参考に、生き物の生態や飼い方を調べてみましょう。可能な人は、生き物を飼ってみるといいでしょう。

オタマジャクシの飼い方

　カエルは、4月の中旬を過ぎた頃、平地の水田や池などで産卵します。オタマジャクシは5月頃から見られるようになります。

オタマジャクシが育つ様子

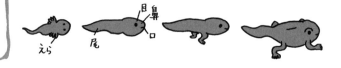

① 水面の広い水槽に小石や砂、水草を入れる。

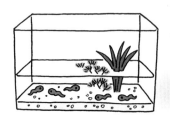

② 一週間に一度、水を半分ずつ、汲み置きした水に取りかえる。エアポンプを取りつけてもよい。

③ 前足が生えてきたら、水からはい上がれるようになるので、岩を入れたり、砂を足したりして陸地をつくる。

④ エサは、最初の頃は植物を食べるが、成長するにしたがって肉食に変化していく。メダカや熱帯魚の配合飼料を与えてもよい。水が汚れない程度に毎日少しずつ与える。

にぼし　かつおぶし

ホウレンソウ

パン

　生物に接する際には、前後の手洗いなどの衛生面やアレルギーなどの対策も必要です。また、地域の自然環境や生態系の破壊につながらないよう、飼うことを終わりにするときには、元の場所へ返しましょう。

【ダンゴムシの飼い方】

【　　　　　　　　　　　の飼い方】

体験する 5 ネイチャールプカードでつながろう

　ゲームを通して、生物の多様性とお互いの関係やつながりについて考えてみましょう。動物（もちろん人間も）、植物、山、川、太陽、雨など様々なものが存在しています。一見つながりのないように思えたもの同士が、実は大きな「くさり」でつながっていることを実感することができます。

公益社団法人日本シェアリングネイチャー協会
tel：03-5363-6010
http://www.naturegame.or.jp/
JNGA 引用承認番号 200

　これは、「ネイチャールプカード　Aセット」のカードの一部です。Aセットには、人間、キツネ、コウモリ、リス、ネズミ、スズメ、カエル、バッタ、ダンゴムシ、ガ、トンボ、カタツムリ、葉っぱ、キノコ、タネ、森、田んぼ、雨、土、街の 20 枚のカードが入っています。
　ネイチャールプのやり方はマニュアルによると以下のとおりですが、様々に工夫して遊ぶことができると思います。みなさんのアイデアでいっそう楽しいものにしてみてください。

❶ ネイチャールプカードを一人 1 枚胸につける。

❷ 自分のカードとつながり（棲み家や、食う・食われるの関係など）があるカードをつけた人に、自分との関連づけを話し、相手が納得したら手をつないで座る。

❸ 全員が座ったら、いくつかのペアにお互いのつながりを話してもらう。

❹ さらにつながりのある相手を探し、大きな輪になるように手をつないでいく。

❺ 一つの大きな輪になったら全員座る。右手をつないでいる自然物とのつながりを順々に全員話し、みんなで確認する。

❻ 自然のつながりや感じたことを話しあう。

　春、郊外の野草が咲き乱れている小川のほとりを歩いていると、ホトケノザの茎にアブラムシがたくさんいました。少し視線を変えると、テントウムシの幼虫もいました。アブラムシはホトケノザを、テントウムシの幼虫はアブラムシを食べているのです。植物や昆虫の世界だけではありません。もちろん私たち人間も食物連鎖の輪のなかに生き、生活しているのです。

調べる 考える 「つながり」をキーワードに絵本を探そう

108ページに「くさり」は二つあると書きました。一つは生命の歴史という「くさり」、もう一つは食物連鎖という「くさり」です。わかりやすく図で示すと、右のようになります。つながりあう命について絵本を通して考えてみましょう。

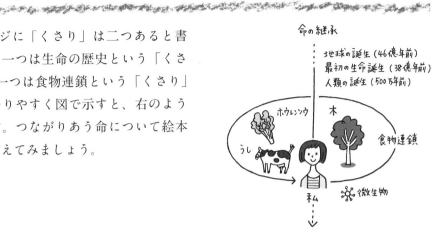

🖤 命の継承に関する絵本を探してみよう

『いのちのまつり』草場一壽著、平安座資尚絵　サンマーク出版　2004年

『たんぽぽ』平山和子文／絵、北村四郎監修　福音館書店　1976年

🖤 食物連鎖に関する絵本を探してみよう

『とべバッタ』田島征三作　偕成社　1988年

『おちばのしたをのぞいてみたら…』皆越ようせい作　ポプラ社　2000年

私たち一人ひとりの命は、自分だけのものではありません。宇宙の誕生、地球の誕生、生き物の誕生、人間の歴史を背負って生きています。また、ほかの生物の命をいただくことで命をつないでいます。壮大なつながりのなかに一人ひとりの命があります。その命や築いてきた文化を未来につないでいくことが私たちの使命なのです。

『ステップ・バイ・ステップで学べる キッズのための 50 のガーデニング』
クレア・ブラッドレイ文、ジョン・フリーマン写真　マルモ出版　1999 年
古タイヤを二つ重ねてプランターをつくるなど身近なものや廃材を使い、四季を通じておしゃれにガーデニングを楽しむプログラムが魅力。子どもが活動している場面写真でわかりやすく初歩的なテクニックを紹介。本書で扱っている「パイナップル・プラント」なども、この本をヒントにしています。

『坂本廣子の台所育児　一歳から包丁を』坂本廣子　農山漁村文化協会　1990 年
「食べること」は「生きる力の素づくり」という基本的な考え方のもと、包丁やまな板など道具の選び方や取り扱い方などから解説。子どもがつくれる 49 の基本料理もイラスト入りで丁寧に説明されています。ビニール袋に材料を入れてもんでつくるヨーグルトクッキーは一人ずつ楽しめます。

『おじいちゃん　新装版』マーク・ジュリー／ダン・ジュリー写真、マーク・ジュリー文、
重兼裕子訳　春秋社　1999 年
物忘れがひどくなり、徐々に一人では生活することができなくなったおじいちゃんと、世話をする家族の記録を写真で綴った一冊。言葉では言いつくせない生の真実と人間の尊厳を私たちに訴えかけてきます。みなさんには、この本をきっかけに、生と死について正面から向きあってほしいと思います。

『せいめいのれきし』バージニア・リー・バートン文／絵、石井桃子訳　岩波書店　1964 年

『がぶりもぐもぐ！』ミック・マニング／ブリタ・グランストローム作、藤田千枝訳
岩波書店　1999 年

『ぼく、だんごむし（かがくのとも傑作集）』得田之久文、たかはしきよし絵　福音館書店
2005 年

『たんぽぽ（かがくのとも傑作集）』平山和子文／絵、北村四郎監修　福音館書店　1976 年

『たまごとひよこ』ミリセント・E・セルサム文、竹山博絵、松田道郎訳　福音館書店　1972 年

事例

大きくなぁれ　5歳児6月〜11月

　6月、園内にある小さな栽培園に5歳児がサツマイモの植えつけをしました。夏のあいだ、子どもと保育者は、水をまいたり雑草を抜いたりして世話をします。

　10月、虫を探しに栽培園へ行ったリョウは、生い茂ったサツマイモ畑をみつけます。その後、虫を探しに行きながら、サツマイモの生長を気にするようになりました。

　11月上旬、いよいよイモ掘りです。子どもたちは収穫したサツマイモを箱車にのせて、保育室前へ運びました。リョウは一人でサツマイモをきれいに洗い、流しの上へ並べました。リョウのサツマイモへの思いを感じることができます。

　収穫したサツマイモは、蒸して全園児で食べました。11月の5歳児の誕生会のメニューは、栽培したサツマイモを入れた蒸しパンでした。

　栽培活動と誕生会を結びつけて活動を展開した事例です。「大きくなること」は、子どもにとって一番の喜びです。栽培活動は「元気に育ってほしい」という願いをもちながら、野菜への愛着や世話をすることの楽しさや生の喜びを感じることでしょう。

　さらに、野菜の生長と重ね合わせて自分の成長を実感することができるのではないでしょうか。誕生会も同様に、自分の成長や命を実感できるような機会としていきたいものです。

　日常生活では、"旬"の食べ物や季節感が希薄になってきています。そのため園での栽培活動は、子どもが旬を感じる大切な体験となります。

　誕生会のメニューは、収穫とリンクした形で計画を立てています。同じ素材で体験を積み重ねることで、自分の成長を実感できるように配慮しています。たとえば、蒸しパンの場合、プレーンからスタートし、手順を理解します。9月のナス入り蒸しパンは、焼いたナスと味噌味のソース、11月はサイコロ大に切ったサツマイモを加えます。

誕生会メニュー

月	メニュー	体験の積み重ね
4月	花ジャムパン	
5月	蒸しパン（プレーン）	蒸しパン①
6月	かたつむりデザート	
7月	トマト・枝豆ごはん	ごはん①
8月	ゼリー	
9月	ナス入り蒸しパン	蒸しパン②
10月	クッキー（形づくり）	クッキー①
11月	サツマイモケーキ	蒸しパン③
12月	おにぎりケーキ	ごはん②
1月	クッキー（生地づくりから）	クッキー②
2月	おせんべい	ごはん③
3月	ぼたもち	ごはん④

06 身のまわりの物に愛着をもつ

内容（7）身近な物を大切にする。

「3R運動」という言葉を知っていますか。Reduce（廃棄物の発生抑制）、Reuse（再使用）、Recycle（再資源化）の頭文字をとり、循環型社会をつくっていこうとする運動です。Refuse（断る：ゴミとなるものは買わない、もらわない）が加わり、「4R運動」という場合もあります。

先進国は多くの資源を使い、大量生産と大量廃棄を繰りかえしてきました。つまり、たくさん物をつくっては捨ててきたということです。しかし、資源にも限りがあり、また廃棄物を処理するコストも場所も不足してきたということが地球規模の問題となってきました。このままでは、これまでの生活を維持していくことは困難なので、循環型社会をつくる必要が出てきたのです。

「MOTTAINAI」。あえてローマ字で書きました。「もったいない」という言葉は世界共通となっているからです。ケニア出身の環境保護活動家ワンガリ・マータイさんが日本語の「もったいない」に感銘を受け、世界へこの言葉を広めようとしています。

『広辞苑』によると、「勿体無い」は、①神仏・貴人などに対して不都合である。不届きである。②過分のことで畏れ多い。かたじけない。ありがたい。③そのものの値打ちが生かされず無駄になるのが惜しい。

という意味をもっています。3Rに加えて「Respect（尊敬）」という意味も含まれたこの言葉の概念が、マータイさんのめざしている活動とぴったり合ったのでしょう。

日本に住む私たちの身のまわりは物であふれています。コンビニエンスストアは、年中無休で食料品や日常雑貨などを販売しており、必要なものがあれば、夜中でも買い物に行けます。また、20年ほど前に誕生した100円ショップやファストファッション店では、低価格で多種多様な商品を手に入れることができます。私たちは、無意識のうちにこの便利なシステムを享受し、大量消費と大量廃棄を繰りかえしているのです。

保育者になるみなさんには、自分たちの生活を今一度振りかえるとともに、保育者自身が物に愛着をもち、大切に扱ってほしいと願っています。紙の切れ端などを利用して何かをつくったり、工夫して活用したりする技を身につけていきたいものです。

マータイさんは、環境に対する取り組みで初めてノーベル平和賞を受賞した女性です。アフリカに「グリーンベルト運動」を広め、持続可能な開発や平和な社会づくりに尽力しています。詳細は第1部第2章を読んでみましょう。

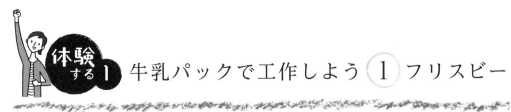

体験する1 牛乳パックで工作しよう ① フリスビー

身近な素材として、まずは牛乳パックを使ってみましょう。フリスビーをつくって、友達と広い場所で飛ばしてみてください。廃材が生まれかわる瞬間を体感できます。

準備するもの

- 牛乳パック（1L）　1本（よく洗って乾かしておく）
- 画用紙（直径 13cm の円形に切っておく）
- はさみ
- ホチキス
- セロハンテープ
- ボンド
- 定規
- ボールペン
- フェルトペン

❶ 牛乳パックののりしろの部分をはがし、図のように開く（のりしろの部分は使うので、はさみで切らずに、かならず手ではがすこと）。

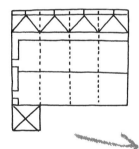

❷ 胴の部分は 8.5cm 幅の帯を 2 枚切りとる。点線のところは、ボールペンのようなもので筋をつけて折りやすくしておく。また、点線までの実線部分に切り込みを入れる。

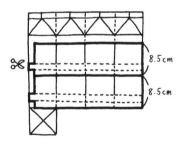

8.5cm

8.5cm

❸ 牛乳パックののりしろの部分は幅 2 cm のベロの部分を残して切りとる。

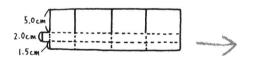

5.0 cm
2.0 cm
1.5 cm

④ 2枚とも点線のところを谷折りする。

点線のところを谷折りする

⑤ 印刷面を上にして、約45度の角度で重ねていき、ホチキスで留める。ホチキスの針の出ている部分はセロハンテープで保護する。もう片方も、同じようにつくる。

⑥ 2枚を組みあわせ、ベロのところをホチキスで留める。ホチキスの針が出ている部分は、セロハンテープで保護する。

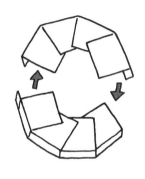

裏側

⑦ 画用紙に絵を描き、フリスビーの裏側からボンドで貼る。

フリスビーは飛びましたか。真ん中の絵の部分にそれぞれのオリジナリティが出るので、自分だけの特別なフリスビーができたことと思います。この特別な思いが物への愛着といってよいでしょう。

廃材を使った工作の本は数多く出版されていますが、雑誌や生活情報誌などのコラムにも新聞紙や牛乳パックなどを使った遊び道具や便利グッズが掲載されていることがあります。毎月一つずつつくっていくと、自分の引き出しが増えていきますよ。

体験する2 牛乳パックで工作しよう ②羽子板

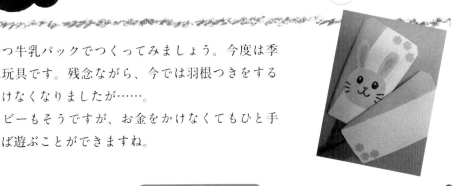

　もう一つ牛乳パックでつくってみましょう。今度は季節の伝承玩具です。残念ながら、今では羽根つきをする姿を見かけなくなりましたが……。

　フリスビーもそうですが、お金をかけなくてもひと手間かければ遊ぶことができますね。

準備するもの（1枚分）

- ◎ 牛乳パック（1L）　2本
- ◎ 割り箸　1膳
- ◎ 色画用紙　2〜3色（飾りに使う。何かに使った残りの色画用紙でも十分）
- ◎ 透明なビニール袋
- ◎ カッターナイフ
- ◎ はさみ
- ◎ 強力ボンド
- ◎ 木工用ボンド
- ◎ セロハンテープ
- ◎ 定規
- ◎ フェルトペン

1 牛乳パックを切り開き、太線のような形に切る。

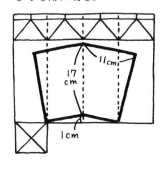

2 もう一つの牛乳パックから図のような形を切り出す。

3 ②の印刷面に強力ボンドをつけ、割り箸（先のほう）を図のようにはさんで固定する。

4 ①の印刷面に強力ボンドをつけ、③を図のようにはさんで固定したら（外から見えない部分はガムテープで固定してもよい）、折りたたむ。

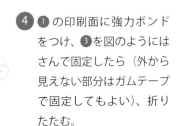

5 端をセロハンテープで留めたら角をカットとする。

6 色画用紙などに絵を描いたり、模様を切ったりする。

7 それを木工用ボンドで⑤の両面に貼りつける。

8 ビニール袋を風船のようにふくらませてしばり、しばり口をセロハンテープで留める。これを羽根代わりにしてつく。

体験する3 紙皿でアートしよう

　紙皿を半分に折って、机の上に置いてみましょう。シーソーのように揺れますね。何かに見えませんか。ここからは、みなさんの創造力を生かして、イメージしたものをつくってみましょう。本やインターネットを参考にしてもいいですよ。

準備するもの
- 紙皿
- 画用紙、色紙、モールなど
- はさみ、のり、セロハンテープなど
- フェルトペンなど書くもの

1. 紙皿を半分に折る。
2. 自由につくる。

　友達と一緒に動物園とか季節の行事などテーマを決めてつくってもいいですね。動物園の場合には、動物によって紙皿の大きさを変えたり、背景となる道や池、草木などをつくったりすると一層楽しくなりますよ。
　学生たちは紙皿を使ってつくることが楽しかったようで、課題とは別に「パンダの小物入れ」「ブーメラン」「ストローを使って風で回すコマ」もつくってきました。

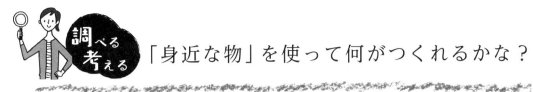

「身近な物」を使って何がつくれるかな？

　「ウェビング」の手法を用いてイメージマップをつくるところから始めます。ウェビングの「ウェブ」はクモの巣という意味です。クモが巣をつくるように一つのキーワードから関連のある事柄をつなげたり、調べたいことをキーワードとし、その解決のために必要な事柄や方策を考えてつなげたりして、網のように広げていく手法のことです。ここでは、「身近な物」のイメージマップをつくりましょう。次ページに書き込みスペースを設けました。

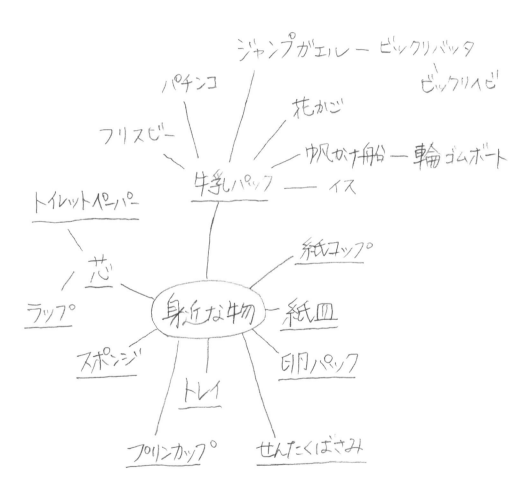

ウェビングの例

身近な物

（タイトル）

　ウェビングで調べたり、考えたりした物を実際につくってみてください。そのあとで、用意するものやつくり方をまとめて、自分のノートをつくりましょう。完成写真を貼ってもいいですね。次ページを参考にしてみてください。

③ 紙コップ人形

🌷 用意するもの

・白い紙コップ ・たこ糸 ・はさみ ・マジック ・セロテープ

🌷 つくりかた

① コップの貼り合わせた部分を底まで切る。

POINT② 先にコップの縁を落としてからカーブに沿ってはさみを入れる。縁は糸止めに使います🎶

② 反対側も底まで切り、底が合うように開く。

③ 底を口にして絵を描く。

POINT③ ずれてしまったら、歯などを手描きのもかわいくなる☺

④ 上半分を切り抜く。

⑤ 底に2か所穴をあけ、糸止めをつけたたこ糸を通す。

POINT⑤ 糸止めを糸結ぶのは難しいので、セロテープで止めるのも OK です☆彡

🌷 あそびかた

① 人形を持って、糸を下に引く。
② 口がパクパク動く。

おはよー

年齢別 あそびのポイント🎶

年少さんは… 哥欠に合わせて糸を引いてみましょう。

年中さんは… 1人ひとり、お人形を持ってお話しましょう。

年長さんは… 自己紹介に使ったり、たくさん作って人形劇をしましょう。

🌸 応用と発展♡

・保育園や幼稚園などでは朝のお迎えで使ってみましょう。
・読み聞かせの小道具としても GOOD です！

学生が作成したノート

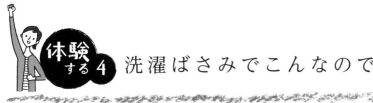

体験する4　洗濯ばさみでこんなのできた

　子どもたちの生活にとって身近な物の一つである洗濯ば
さみを使って、動物や乗り物、模様など自由につくってみ
ましょう。

　洗濯ばさみを使った作品は、保存しておくことができま
せん。デジカメで撮影し、プリントアウトして貼っておく
といいでしょう。

PHOTO

　「身近にある物」と一言で言いますが、その物に対する思いは
人それぞれ。段ボールの中に入って遊んでいる子どもをよく見ま
す。外から見るとただの段ボールですが、遊んでいる子どもにとっ
ては、お風呂であったり秘密基地であったりして、意味ある物な
のです。大人でも同様のことがあるのではないでしょうか。

　写真の花は、4月に自宅の近くに自生していたホトケノザ、ヒ
メオドリコソウ、オランダミミナグサなどです。手に取った花を
花束にすると、同じピンクでもホトケノザとヒメオドリコソウでは微妙に違います。葉の形や
色もそれぞれ個性的で、花屋さんで売っている花にも劣らない可憐さを感じます。そして、花
瓶の代わりにゼリーのカップを使用しました。ほかの人にとっては、ただの雑草に見えるかも
しれません。でも私にとって、これらの野草は意味のある野草なのです。ゼリーのカップも立
派な花瓶です。

　物への思いは人それぞれ違います。でも共通して言えることは、遊ぶなどして深くかかわり
をもった物は、特別な思い、つまり"愛着"が生まれます。子どもたちは、身近な物に愛着を
もつことで物を大切にするようになり、公共の意識が徐々に芽生えてきます。

『牛乳パックで let's リサイクル』今北真奈美著　あゆみ出版　1995 年

「パックンむかで」などの遊び道具のほか、机やイス、花瓶、鉛筆立てといった道具のつくり方も紹介。和紙などを貼りつけて素敵な家具や小物ができます。型紙もついているので便利。さらに、牛乳パックの紙すきも紹介してあります。「身近な物を大切にする」ことを体現できそうです。

- -

『リサイクル楽器を楽しもう　①身近な楽器にチャレンジ！！』
上畑美佐江作、高村忠範絵、野々下猛写真　汐文社　2002 年

カスタネット、タンバリン、太鼓、すず、マラカスなど打楽器を中心に、身近にある物を使ってつくる楽器を紹介しています。小学生向きに書かれているので、みなさんならば簡単につくれる物ばかり。全部つくれば合奏も可能です。

- -

『紙コップ工作』ブティック社　2001 年

おもちゃからインテリア、実用小物まで 73 の作品が掲載されています。簡単な作品もありますが、凝ったものもあり、「大人がつくって子どもが遊ぶ」「大人がつくって大人が遊ぶ、使う」ことをコンセプトに書かれています。同シリーズの『空き芯リサイクル工作』なども参考になりそうです。

- -

『みんなでつくる ふゆのかざりもの（かがくのとも傑作集）』きうちかつ作／絵、ときわまさと
写真　福音館書店　2002 年

- -

『しんぶんしでつくろう（かがくのとも傑作集）』よしだきみまろ作　福音館書店　1990 年

- -

『ふしぎないえづくり（「かがくのとも」2003 年 11 月号）』きうちかつ作／写真、津久井康宏デザイン／写真　福音館書店　2003 年

- -

『たたんで　むすんで　ぬのあそび（かがくのとも傑作集）』平野恵理子作　福音館書店　2008 年

- -

『せんたくばさみ　なにしてあそぶ？（「かがくのとも」2008 年 5 月号）』さとうゆみか作、
西山悦子撮影　福音館書店　2008 年

剣づくりの達人　5歳児4月

　登園後、朝の支度が終わると、3人は新聞紙で剣をつくりはじめました。誰が一番細い剣をつくれるか競っています。5歳児ともなると大人と同じように器用に細い剣をつくれるようになります。

　この3人は、3歳児クラスの頃から新聞紙を使ってよく遊んでいました。野球をやりたいという子どもの思いを受け、保育者が一人ひとりに新聞紙のバットとボールをつくったことから始まります。その後も新聞

紙を破ってプールをつくるなど、新聞紙を使った遊びを提案してきました。そんな小さな積み重ねによって、新聞紙を使って遊ぶということが、子どもの生活のなかへ自然に入り込んでいるのです。

ロープウェーをつくるんだ　5歳児10月

　マサユキは紙や廃材を使った工作が大好きです。この日は、砂場で山をつくっています。ある程度の大きさの山ができると保育室の工作コーナーへ行き、牛乳パックを切りはじめました。毛糸を牛乳パックにセロハンテープで貼りつけ、カゴをつくります。毛糸と割り箸も手にして、砂場へ向かいます。

　「何をつくるの?」と保育者がたずねると、「ロープウェーだよ」と言いながら、割り箸を砂場に挿します。割り箸をロープウェーの支柱に見立てているということは、保育者も理解できました。そこで、保育者も参加して毛糸のケーブルを張り、ロープウェーが完成しました。

　右の写真は、保育者が紙管とクギでつくったリリアンを使って編物をしているところです。これは直径10cmほどの紙管ですが、ラップの芯でつくれば、でき上がるひもの太さは違ってきます。また、牛乳パックを使って椅子をつくったり、入れ物をつくったりして、生活に生かしていくこともできます。物があふれ、お金を出せば何でも買える時代だからこそ、保育者自身が物に愛着をもち、大切に扱っている様子を子

どもに示すことが大事です。保育者の姿勢が子どもの物へのかかわりをより豊かに発展させ、徐々に集団生活を通して、公共の物を大切にしようとする気持ちを育んでいきます。

07 科学を体感する

内容（8）身近な物や遊具に興味をもって関わり、自分なりに比べたり、関連付けたりしながら考えたり、試したりして工夫して遊ぶ。

　子どもの頃、みなさんはどのような固定遊具で遊ぶことが好きでしたか。私は、今では滅多に見かけることのない二つの固定遊具で遊んだ経験をよく思い出します。その時の感覚を体が覚えているのです。

　一つは、小学校に設置されていた「回旋塔」という固定遊具です。みなさんはご存じない固定遊具だと思います。３ｍくらいの鉄柱を中心に、頂点から何本かの鉄の棒が放射状に伸びていて、その先に直径２ｍくらいの円形の鉄の輪がぶら下がっている傘を広げたような遊具です。私は２年生に進級するときに転校したので、いつ撤去されたかわかりませんが、ケガをした児童がいたのだろうということは、子どもながらにわかりました。

　回旋塔で遊ぶときは、いつも緊張していたものです。数人の子が輪をつかんで走り回転しながら体重をかけて輪を下に引っ張ると、反対側の輪が上がります。ただ単純に回っているのではなく、うねりながら回るのです。１年生だった私はつねに足が浮いていて、ぶら下がっている手が疲れてきます。でも、手を離したら外側に飛ばされて、地面に叩きつけられるだろうということは容易に想像できました。「遠心力」という言葉は知りませんでしたが、回転の中心からみて外側へ向かう力が働いているということは、体で感じとることができました。今でもそのスリルは忘れられません。

　もう一つは、「シーソー」です。飽きることなく遊んでいました。大人から見れば、単調な繰りかえしに見えたかもしれませんが、私にとっては毎回意味が違っていたことを覚えています。シーソーには板の両方の端から２本ほどのハンドルがついていて、自分の体重のほうが重い場合には支点寄りのハンドルの部分に乗り、無意識に「てこの原理」を応用して遊んでいました。３人で遊ぶときは少し工夫しなければなりません。なかなかうまく釣り合いが取れず、試行錯誤を繰りかえすことがシーソーの楽しさであったように思います。

　振りかえってみると、固定遊具で遊ぶなかで「遠心力」や「てこの原理」を体感していたのです。小学校以降の理科の時間には、その経験を応用しながら考えていたのかもしれません。単調な繰りかえしが、実は子どもにとっては重要な意味があるのです。保育者として、物や遊具の子どもにとっての意味を考えていきましょう。

保育所保育指針の「１歳以上３歳未満児の保育に関わるねらい及び内容」の領域「環境」の（イ）内容には、「②玩具、絵本、遊具などに興味をもち、それらを使った遊びを楽しむ。」という項目があります。幼い時期には、玩具や遊具に自分からかかわり、満足するまでさわって遊ぶことを通して外界に対する好奇心や関心をもつようになります。それが学びの原点となるのですね。

体験する1　重力を体感しよう①

　前ページで述べたように、固定遊具を体験するとすぐにわかりますね。鉄棒やうんていにぶら下がっているときには、重力につねに引っぱられていることを感じています。これは講義室でも十分に感じることができます。

小グループで活動してみよう。まず体験する人を決める。
それ以外の人は、応援してください。

1. まっすぐな背もたれの椅子に座る。

2. 両足は床にぺったり床につける。

3. 背中は椅子の背につける。

4. 両手は膝に置く。

5. 体を前に揺らさず、筋肉を少しも動かさずに立ち上がってみよう。

➡ 立ち上がるのにはどうすればいいのか、考えてみましょう。

準備するもの

● まっすぐな背もたれの椅子

　私たちが椅子から立ち上がれなかったのは、重力の力が働いていたからです。重力はつねにすべての物を引っぱります。自分を押して椅子から離し立ち上がるためには、エネルギーが必要です。エネルギーを使って私たちは筋肉を動かし、立ち上がるのです。目に見えなくても重力は働いているのですね。

体験する2　重力を体感しよう②

　重力がつねにすべての物を引っぱっているということは体感しました。それでは、私たちの体は重力にどのように対応しているのでしょうか。

小グループで活動してみよう。体験する人を決める。
それ以外の人は、様子を見ていてください。

1. 両手にバッグを持つ。

2. 二つのバッグを片手に持つ。

3. 鏡を見てください。まっすぐに立っていますか。それとも傾いていますか。

➡ どうして傾いているのか、考えてみましょう。

準備するもの

● 荷物が入った二人分のバッグ
（教科書等が入っており、ある程度重いもの。できれば同じくらいの重さにする）

　人は自分のバランスを保つために、重いほうから離れるように傾いているはずです。平均台の上を歩いたり、一本足で立ったりするとよくわかります。重量の引っぱりがあっても、凧や飛行機などは動いているあいだは空気がもち上げてくれるので、飛んでいられます。私たちのまわりには、目に見えない力がつねに働いているのです。

体験する3 どんぐりのすべり台をつくろう

子どもの頃、すべり台が好きだった人も多いのではないでしょうか。「はしごを上ってすべり台のてっぺんまで行って座り、滑りはじめる」。これは、地球によって私たちの体に重力が働いているからです。ここでは、どんぐりのすべり台をつくって、重力を感じてみましょう。

準備するもの

- 段ボール箱
- トイレットペーパーの芯（段ボール箱の大きさによって本数が変わる。ない場合は、段ボールの切れ端でも可）
- 紙コップ　一つ
- クヌギ　5〜6個（クヌギがベスト。ない場合には、ほかのどんぐりやビー玉などで代用）

1 トイレットペーパーの芯を縦に半分に切り、段ボールの箱の大きさに合わせてつなぐ。本数も段ボール箱の大きさによって調整する。

2 芯の片側に穴を空ける。

3 紙コップは、上下に切り分ける。

上手につくるコツを学生に聞いてみました。
- 傾斜をどのくらいにするか試したうえで、トイレットペーパーの芯を取りつける。
- トイレットペーパーの芯は、少し奥のほうに取りつける。

エネルギーという視点で考えると、私たちははしごを上ることで、位置エネルギーを得ることになります。そして滑りはじめると、位置エネルギーは運動エネルギーに変化しはじめます。運動エネルギーとは、物体が動いているときにもつエネルギーです。どんぐりも同じですね。どんぐりが転がり落ちていくにつれて位置エネルギーは減少し、運動エネルギーが増えていきます。

4 段ボール箱の上部にクヌギの入るくらいの穴を空け、半分に切った紙コップの上部分を使い、受けをつける。

5 段ボール箱の横に切れ目を入れて、トイレットペーパーの芯を斜めに取りつける。

6 転がってきたクヌギを受けとめるため、一番下のトイレットペーパーの芯の穴の下に、半分に切った紙コップの下部分を置く。

体験する4 ゆらゆらモビール

　モビールとは、紙やプラスチック、葉っぱや板のような軽い素材を糸で吊るし、特定の位置でバランスをとって安定するようにしたものです。風や人の手で揺れ変化に富む動きをするので楽しいのです。つくるのは少しむずかしいかもしれませんが、簡単なものから挑戦してみましょう。

 初級編

準備するもの

（例）　◎ 落ち葉　2枚
　　　◎ 小枝　　1本
　　　◎ もめん糸

◎ セロハンテープ
※吊るす物は、落ち葉ではなく別の物を使ってもOK。

1 図のように、テープと糸を使ってつくる。

2 葉っぱなどを吊るす糸を小枝の中心に近づけたり、遠ざけたり、片方の小枝の糸を枝に巻きつけたりしながらバランスをとってみよう。

 中級編

準備するもの

◎ 竹ひごや割り箸など　2〜4本
◎ もめん糸
◎ 画用紙
◎ セロハンテープ

◎ えんぴつ
◎ コンパス
◎ 三角定規
◎ ものさし

◎ カッターナイフ
◎ はさみ

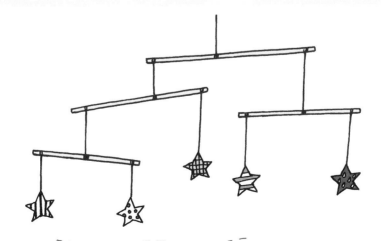

① 画用紙に好きな絵を描いて
　切りとり、おもりをつくる。
　※最初は同じ重さのおもりをつ
　　くったほうが簡単にできる。

② ①に糸をセロハンテープで
　つけ、図を参考に竹ひごなど
　に結びつける。

③ 糸の位置を少しずつずらして
　バランスをとる。

つくり方を参考に、自分で考え
てつくりました。微妙なバラン
スが難しかったです。糸の位置
を少しずつずらすことで、どう
にかバランスがとれるようにな
りました

Point

はかりのお話

　モビールは、支点と作用点の位置でバランスが決まります。ちょうど 134 ページに書いたシーソーに乗ったときと同じですね。今では見かけることもなくなりましたが、「棒ばかり」も同じ原理でできています。棒ばかりとは、はかりたい物と分銅を釣りあわせて重さを量る道具です。「てこの原理」を応用し、軽い分銅でも重い物を量れるように工夫されています。

　棒ばかりはローマ時代より使われるようになったと言われ、それ以前は古代エジプトの『死者の書』のなかに描かれている「天秤（びん）」が使われていました。精度は高いのですが、分銅を多く使うために重く、持ち運びにも不便だったため、ローマ時代に 1 本のさおと 1 個のおもりで量ることができる「棒ばかり」が使われるようになったといわれています。ちなみに「はかり」を英語で「Balance」というのは、棒ばかりの原理がバランスだからです。

撮影：遠藤紀勝

あっ、ここにも磁石

　磁石は、私たちの生活の様々な場面で使われています。どのようなところで使われているか調べてみましょう。大きいほうの空欄にはイラストか写真を入れてください。

バッグの口		

　磁力そのものを直接見たり感じたりすることはできませんが、それがもたらす効果は見たり感じたりすることができます。『8歳までに経験しておきたい科学』〔J.D.ハーレン／M.S.リプキン　2007〕のなかでは、磁石について以下のような科学概念を基礎とした体験活動を行うことが大切だと述べられています。

● 磁石に引きよせられるものと、引きよせられないものがある。

● 物を引きよせる力は、磁石によって違う。

● 磁石は物質を通り抜けて引きよせることがある。

● 磁石を使って、新しい磁石をつくることができる。

● 磁力が一番強いのは、磁石の両端。

● 磁石の両端は異なる働きをする。

体験する5 マグネットのモザイクパズルで遊ぼう

磁石は多くの玩具にも利用されています。簡単につくれる玩具を一つ紹介しますので、つくって友達と遊んでみましょう。

準備するもの

ⓐ マグネットシート
　（赤、青、黄、白など）
ⓑ 油性ペン
ⓒ 定規

ⓓ はさみ
ⓔ カッターナイフ
ⓕ カッターマット
ⓖ ホワイトボード

マグネットシートの磁石の面に油性ペンで図❶〜❺を描き、はさみ、またはカッターナイフで切る。数が少なすぎると思いどおりに遊べないので、ある程度の数は必要。

❶ 正方形
6cm / 6cm

❷ 直角二等辺三角形
（❶の2分の1）
6cm / 6cm

❸ 長方形
（❶の2分の1）
3cm / 6cm

❹ 正三角形
6cm / 6cm / 6cm

❺ 直角三角形
（❹の2分の1）
6cm / 3cm

今回学生がつくったモザイクパズルは、一辺が6cmの正方形、正三角形が基本となっていますが、基尺は自由に考えてください。基尺とは、正立方体の一辺の長さのことで、パズルの基本となる寸法を指します（今回の場合は6cm）。また、平行四辺形や菱形があってもよいと思います。

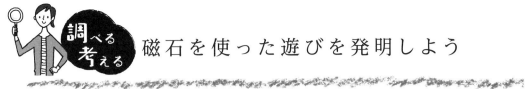

磁石を使った遊びを発明しよう

科学館に行ったり、本やインターネットで調べたりしてみましょう。

紙をおる クリップをはりつける	① 画用紙（約4cm × 7.5cm）の端1.5cmを折り、クリップを貼りつける。 ② ①の画用紙に絵を描き、切りとる。 ③ 段ボール箱の舞台の上に②の人形を置き、段ボール箱の内側から磁石を近づけて人形を動かす。

磁石を使うときには、次のことに注意しましょう。

● 磁石を磁気カードなどの磁気記憶媒体に近づけると、データが破壊されて使用できなくなる恐れがあります。また、パソコン、テレビ画面、電子腕時計等の精密電子機器に近づけると、故障の原因になる可能性があります。

● 心臓ペースメーカーなどの電子医療機器を装着した人は磁石を使用しないようにしてください。また、装着した人に磁石を近づけることも大変危険です。

『おはようからおやすみまでの科学（ちくまプリマー新書）』佐倉統／古田ゆかり著　筑摩書房 2006 年

私たちの「便利」な生活は、科学技術があってこそ成り立っています。料理も洗濯も視点を変えると楽しい発見があるということを教えてくれる一冊。物理学者の寺田寅彦や雑誌「暮らしの手帖」の編集者・花森安治の生き方と考え方を受け継ぐ「リビング・サイエンス」を提案しています。

『工作図鑑──作って遊ぼう！ 伝承・創作おもちゃ』木内勝作／絵、田中皓也絵　福音館書店 1988 年

小刀、千枚通し、かなづち、のこぎり、きりなど様々な道具の使い方を覚えながら、おもちゃがつくれます。全部で 170 種類のつくり方と遊び方を紹介。このシリーズには、『遊び図鑑』『自然図鑑』『飼育栽培図鑑』などもあり、これらも保育実践の参考になります。

『ペットボトル（新版・環境とリサイクル①)』半谷高久監修　小峰書店　2003 年

ペットボトルの歴史や特徴、つくり方、使い方、捨て方、リサイクルについて、一つの流れとして紹介されています。ものづくりとごみ問題の関係について考えるきっかけとなるでしょう。「新版・環境とリサイクル」シリーズは、ほかに「かん」「びん」「家電製品と粗大ごみ」なども。小学生向きで簡単に読めます。

『どうぐ』加古里子文／絵　瑞雲舎　2001 年

『たしかめてみよう』ローズ・ワイラー／ジェラルド・エイムズ文、タリバルジス・スチュービス絵、吉村証子訳　福音館書店　2000 年

『きかいのなかみ』稲見辰夫文、勝又進絵　福音館書店　1997 年

『土の絵本　①土とあそぼう』日本土壌肥料学会編、中村真一郎イラスト　農山漁村文化協会 2002 年

『よもぎだんご（かがくのとも傑作集）』さとうわきこ作　福音館書店　1989 年

どうしてくっつかないのかな　3歳児4月

　タツヤは入園当初から汽車と積み木のコーナーが居場所となっていました。この日も木製のレールをつなぎ、汽車を走らせています。しばらくすると、両側に磁石のついた車両は、つなげる方向によってつながらないということを発見しました。「はなれていくよ」と、保育者にその様子を見せます。磁石の同じ極は反発しあうことをみつけたのです。何回も車両の方向を変えて、つけてみたり離してみたり試していました。

子ども木工家　5歳児11月

　木工コーナーでは、子どもたちが思い思いのものをつくっています。万力を使って木をはさみ子どもサイズののこぎりで好きな長さに切る子、厚めの板にクギを打ち込みコリントゲームをつくる子……。この園では5歳児だけが木工コーナーで遊べます。マサコは公園のブランコをつくっています。ブランコのまわりの柵としてクギを打ちました。ブランコの鎖は毛糸を使いますが、長さはこれから工夫するようです。

人形劇やろうよ　5歳児1月

　フェルトと綿を使った人形づくりが大流行。その人形を使って劇をやろうということになりました。子どもたちは机を倒してステージをつくります。画用紙で木や草、家などをつくってステージに飾り、人形劇が始まろうとしています。

　大人には単調な繰りかえしに見えることでも、子どもにとって重要な意味をもっている場合があります。たとえば、磁石やブランコなど物とのかかわりを十分に楽しむ時間や空間を確保することで、子どもは体験したことを“経験”として自分のなかにためていきます。ブランコでたくさん遊んだからこそ、その特徴をイメージし、表現することができるのです。
　また、机でステージをつくった子どもたちも、以前、机を倒して別の用途に使っているのを見た経験をもとに、新たな使い方を自分たちでみつけ出しているのです。子どもは物や遊具、用具などで遊びながら、その仕組みに興味をもったり、別の遊びに取り入れたりしていきます。保育者は子どもの関心を大切にし、仕組みについて探求できるような援助をしていくことが必要です。

08 数量・図形に親しむ

内容（9）日常生活の中で数量や図形などに関心をもつ。

　私が学生のときのことです。液体肥料の原液を水で500倍に薄めて肥料をつくろうと計量カップを探していると、祖母が牛乳パックをもってきました。そこに水1リットルと液肥の原液2ミリリットルを入れ、あっという間に肥料をつくりました。しかも株元へ与えるので牛乳パックのまま使えます。小学校で学習する内容を、しっかりと生活に生かしていると感じたことを今でも覚えています。

　では、私たちはどのように数を数えたり、計算をしたりすることを学習し、生活に生かすようになっていくのでしょうか。

　私たちの身のまわりには、日付、時刻、電話番号、チャンネル、値札など数字で表されるものが多くあります。また、人間の生活のなかで扱うものには、数えられるものも多くあります。たとえば、人間も一人ひとりの集まりであり、人が生活していれば、かならず数を扱うことになります。個数だけではなく、長さ・重さ・時間・液量等のかさ（量）なども私たちの生活から切りはなすことはできないものです。

　子どもの頃を思い出してみましょう。みなさんが最初に数量に出会ったのは、大人の働きかけだったのではないでしょうか。お風呂で温まらせるために、大人はゆっくりと「いち・に・さん」と「数唱」を繰りかえし聞かせます。また、食事のときには「たくさん飲もうね」「あと一つ食べよう」などと言い、お散歩で出会った生き物には「大きい犬だね」「小さいアリさん」などと量や大小を無意識に語りかけます。

　このような生活のなかでの数量体験を重ねるうちに、満3歳を過ぎる頃には3までの数がわかるようになり、数えなくても見ただけで「3つ」と言うようになります。数量を理解していく過程については、満5歳頃には5を理解し、5歳児は「（5人グループで）牛乳が今3本あるから、あと2本いるね」など数の合成・分解もできるようになり、また、5以上の数の操作もできるようになってきます。このように小学校教育で行う加法や減法の基礎は、幼児期の遊びや生活のなかにあるのです。

　最近、幼児教育産業などでは、文字や数を知育教育として重視する傾向があります。しかし、子どもたちが数を理解していく過程で、算数や数学を学ぶ以前に、数量の基礎を生活や遊びのなかで獲得していくことの重要性が、20世紀後半の研究で次第に明らかになってきました。日常生活のなかで数えたり量ったりすることの便利さと必要感を保育者自身が気づき、かつ様々な図形に関心をもつことが重要だと思います。

　数を表す言葉を"数詞"といいます。数詞はどこの国にもありますが、日本では「ひとつ・ふたつ・みっつ（ひ・ふ・み）」と「いち・に・さん」の2通りがあり、「ひとつ・ふたつ」は古代からの日本の数詞で、「いち・に」のほうは漢字と一緒に中国から日本に伝来したといわれています。「いち・に」は、十進法の区切りがつきやすく、とくに大きい数を扱うのには便利なため次第に日本語化し、小学校教育の算数ではこちらに統一されています。しかし「ひとつ・ふたつ」は、リズミカルで響きも美しくわらべ歌にも使われており、幼児期の子どもたちには、こちらのほうがよい場合もあります。

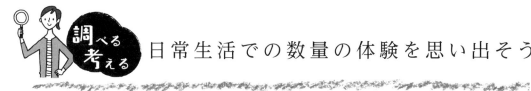

日常生活での数量の体験を思い出そう

園生活のなかで子どもは、人数や物を数えたり、量を比べたりしています。実習園やボランティア先の園では、子どもはどのような体験を通して数量に親しんでいましたか。友達と一緒に思い出してみましょう。

準備するもの

◉コピー用紙　1枚
　（サイズは問わないが、B4くらいが適当）
◉筆記用具

1. 二人一組になる（3人でも可）。
2. 二人のあいだに紙を置く。
3. 「園で子どもたちがどのような体験を通して数量に親しんでいたのか」を話しながら、紙にキーワードを書き込んでいく。時間は10分程度。
4. 下の枠内に自分なりにまとめてみましょう。

二人ずつ手をつなぐ

サツマイモの数を数える

　園では、無意識のうちに数量にふれる体験をたくさんしているのですね。このように私たちの身のまわりには数えられるものがいろいろあります。たとえば、サツマイモが3本あるとします。大きさも形も違いますが、3本あれば「サン」と言いあらわします。また、服1着、アイスキャンディ1本、リンゴ1個のように、性質の違うものでも合わせて「サン」と言いあらわします。

　しかし、「食べ物はいくつ？」「果物はいくつ？」と聞かれた場合には、「サン」とは言いません。「もの」「食べ物」「果物」とは、それぞれの類（るい）をまとめて言いあらわす言葉で、類を理解したうえで初めて数量を表すことができるのです。

　さらに、数を表す言葉は台風や地震など自然事象にも使われるので範囲が広く、数の理解は普通の言葉の習得よりも遅れるといわれています。数を表す言葉は覚えやすく易しいのですが、数の内容は難しいのです。

体験する 1 「なべなべそこぬけ」をやってみよう

① 二人組になり、向かいあって両手をつなぐ。

② 「♪なべなべ　そこぬけ　そこがぬけたら」と歌に合わせて両手を大きく左右に揺らす。

③ 「♪かえりましょ」で、手をつないだままぐるっと半回転をして背中合わせになる。

④ 背中合わせのまま、「♪なべなべ　そこぬけ　そこがぬけたら」と、歌に合わせて両手を大きく左右に揺らす。

⑤ 「♪かえりましょ」で、手をつないだままぐるっと半回転をして元に戻る。

⑥ 次は3人で、その次は4人でやってみよう。さらにクラスの全員でもやってみよう。

なべ　なべ　そこぬけ

そこが　ぬけたら　かえりま　しょ

　さて、何人でできましたか。前ページの手をつないだ子どもの絵を見てください。子どものまとまりを「集合」といいます。そして、そのまとまりの多さを示す数を「集合数」といいます。この場合は、「2」ですね。みなさんも2人、3人、4人、クラス全員で「集合」をつくり、「なべなべそこぬけ」で遊びましたね。このように子どもは集団生活のなかで、とくに意識することなく「集合」と「集合数」を体感しているのです。

　今は、人で「集合」と「集合数」について説明しましたが、ほかの個物でも同じです。イラスト（A）の女性は、4つのみかんをもっています。一方、イラスト（B）は一対一対応させて、みかんの数を数えています。順番に数を数えて最後に唱えた数がみかんの数になるのですが、幼児期にこのように指さしをして個物を数えることだけを早く教えすぎると、どの数詞にも1個の個物が対応するため、数の多さ（集合数）を理解しにくくなります。つまり、数の多さをイメージすることが難しくなるということです。

　数の多さがつかめないうちに計算を教えると、数式の丸暗記になってしまいます。幼児期には、数量についての知識を単に教えるだけでなく、日常生活のなかで子どもの必要感に基づく体験を大切にする理由がここにあるのです。

　また、数を数える個物によって難易度が違います。人やリンゴ、積み木など立体が最も理解しやすく、鉛筆や薄い紙、形が複雑なものは難しいようです。また、大きさや色が違うと、わからなくなることがあります。

集合数　　　　　（A）

4つ

個物（みかん）をまとめて集合をつくる。そのまとまりの多さ（みかんの個数）が集合数。

一対一対応　　　　（B）

1つ　2つ　3つ　4つ

個物（みかん）と数詞を一対一対応させて教える

体験する2 すごろくをつくろう

すごろくは7世紀頃、日本に伝わってきた遊びです。今回は、サイコロから手づくりをしてみましょう。市販のすごろくを参考にしてもいいですね。

 つくり方

準備するもの

- 画用紙（四つ切り）　1枚
- 厚紙（A4判程度）
- 水性マジック
- はさみ

1 数字のサイコロをつくる
図のように厚紙をはさみで切り、目を書いて、のりで貼りあわせる。

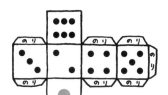

2 コマをつくる
図のように厚紙をはさみで切り、絵を描いて、のりで貼りあわせる。

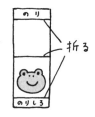

3 すごろくを描く
「イヌのなきごえをして、2コマすすむ」「4コマもどる」など自由に書き入れる。

 友だちと一緒に遊ぶ

つくったすごろくのPHOTO

すごろくは、遊びながら「数を読みとる」「数を合成する」「差を求める」「位置を移動する」といった体験ができます。すごろくでは、「すすむ」が「たし算」、「もどる」が「ひき算」に相当します。

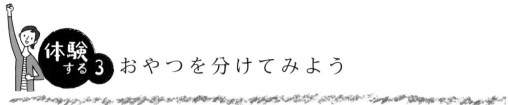

体験する3 おやつを分けてみよう

　休み時間に、友達と一緒におやつを分けてみてください。小学校3年生で勉強する「わり算」の基礎となります。みなさんも幼い頃、分けるという体験を通して、わり算を理解していったのではないでしょうか。「準備するもの」を一応あげておきますが、みなさんの好きな食べ物で試してください。

準備するもの

- アンパンや焼き菓子など、丸くて分けられるお菓子　2個
- 板チョコ　1枚
- リンゴ　1個

- 牛乳かジュース　1本
- コップまたは紙コップ　3つ
- 袋に入った小さいお菓子　6個
- 皿　3枚

半分に分ける

アンパンや焼き菓子を
二つに分ける。

分けた二つの大きさ
は同じです。

いくつかに分ける

板チョコ1枚を二つに分ける。

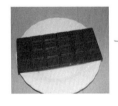 

焼き菓子を3つに分ける。

 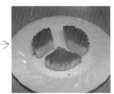

1本の牛乳を、3つのコップに分ける。

リンゴ1個を4つに分ける。

同じ数や同じ大きさに分けるときは、いくつかに分けたり、コップに分けたりするなどの方法があります。果物などの個体の食べ物は、適当な大きさに切り分けて食べます。このような体験を通して、全体の量（リンゴ丸ごと）は不変でも、個数が増え分離した（切り分けた）一つのものは、大きさに関係なく１個であることを経験し、量と数の関係や数の意味を知っていくのです。

２種類の分け方

6個のお菓子を

二人に分ける。

$6 \div 2 = 3$

２個ずつ分ける。

$6 \div 2 = 3$

個装されたお菓子を分けるということは、わり算をしていることにほかならないわけですね。みなさんに体験してもらいましたが、わり算には２通りの考え方があります。一つは、６個のお菓子を二人で分ける場合、一人分は何個になるのかを求める考え方や計算。

もう一つは、６個のお菓子を一人あたり２個ずつ分ける場合、何人に分けられるかを求める考え方・計算です。小学校３年生で教えてもらった「わり算」ですが、複雑ですね。幼い時期の体験が理解に結びつきます。

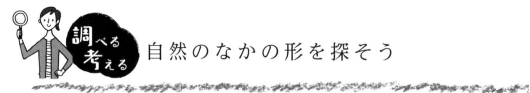

調べる 考える 自然のなかの形を探そう

屋内で「丸いものを探しましょう」と問いかけると、「時計」「タイヤ」など人工物を答える人が多いのではないでしょうか。自然のなかにもいろいろな形のものが存在します。屋外で探したり、本やインターネットの画像などを見たりして調べてみましょう。

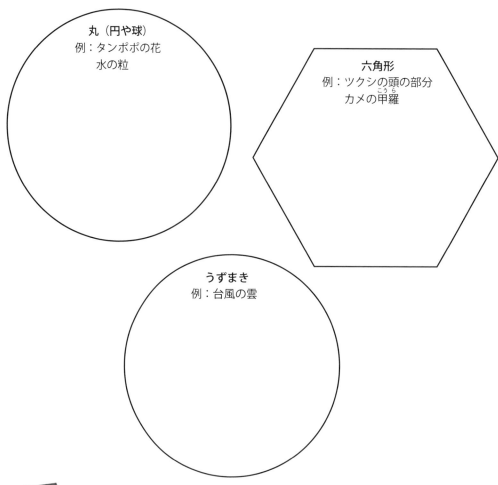

丸（円や球）
例：タンポポの花
　　水の粒

六角形
例：ツクシの頭の部分
　　カメの甲羅

うずまき
例：台風の雲

Point

- 正六角形または、正六角柱を隙間なく並べた構造を「ハニカム構造」といいます。ハニカム（Honeycomb）とは英語で「蜂の巣」いう意味なので、このように呼ばれています。
- 断熱性にも優れており、軽くて丈夫なので、断熱材や飛行機、スピーカーなど広い分野で使われています。自然が生み出した強くて美しい形を、私たちは生活のなかで活用しているのです。

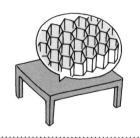

体験する4 スタンピング de アート

野菜や身のまわりのものを使ってスタンプ遊びをしましょう。

スタンプ台

準備するもの

- 絵の具
- 筆
- バケツ（つくる色の数）
- スポンジ（つくる色の数）
- スポンジの大きさより少し大きめのトレー
  （つくる色の数）

① バケツに水と絵の具を入れ、筆でとかす。

② スタンプ用のスポンジを入れ、色をしみ込ませる。

スポンジ

トレーにスポンジを置いて、その上から液を注ぐ方法もありますよ。

③ スポンジをトレーに置く。

スタンピング

準備するもの

- 廃材
  段ボール
  トイレットペーパーの芯
  （♡や☆の型もつくることができる）
  プチプチ（エアキャップ）
  ペットボトルのキャップ
  モール（好きな形をつくる）
  ストロー
  プリンカップ　など

- 野菜・果物（切り口の形をスタンプにする）
  ピーマン
  ニンジン
  オクラ
  タマネギ
  レンコン
  ゴーヤ
  オレンジ　など

- 紙
  画用紙（白・色）など

- マーカーなど

遊び方廃材や野菜の切り口をスタンプ台につけ、紙に押す。

写した形や模様をものに見立て、マーカーなどで絵を補ってもいいですね。

学生がスタンピングの作品をデジカメで撮影し、ノートにまとめました。みなさんも
次のページに自分のつくった作品を貼り、コメントをつけてみましょう。

同じ野菜でも、切り方を変えると違う形が現れます。たとえば、キュウリを輪切りにしたあと縦に切ると、長方形または正方形の面と半円が現れます。いろいろ試してみましょう。

スタンピングについてまとめてみましょう。

体験する5 積み木で遊ぼう

子どもの頃には何も考えずにイメージしたものをつくって遊んでいた積み木ですが、幅、高さ、体積などを学んだうえであらためて積み木にさわると、算数や数学の原理にふれることができます。ここでは三角柱を使って、三角形や四角形をつくってみましょう。

	2個	4個	8個
三角形			
四角形			

　積み木を並べるときには、ずらす（平行移動）、回す（回転移動）、裏返す（対称移動）の３つの運動を繰りかえします。

　マグネットのモザイクパズル（130ページ）のような平面でも同じように並べることはできますが、積み木は列に並べたり段に積み重ねたりすることで、様々な立体をつくることができます。

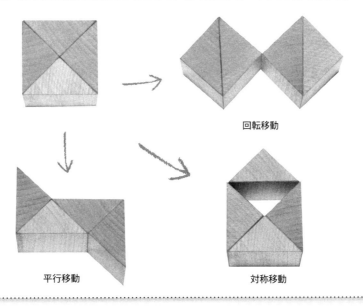

回転移動

平行移動

対称移動

コラム　身体測定で

　筆者の勤務していた幼稚園では、体重は１ヵ月に一度、身長は４月、７月、９月、12月、３月に測定をしていました。

　初任者の頃、先輩保育者が「おもさはかり」と子どもたちに伝えているのを聞いて、妙に納得した覚えがあります。確かに、体の重さを量るわけですし、「体重測定」という言葉よりずっと子どもに合った表現だと思いました。

　体重の増え方は個人差があり、１ヵ月に100g増える子もいれば、50g減る子もいます。増えた子に対して、養護教諭は「卵○個分、大きくなったよ」と伝えていました。卵は１個約50g、体重が100g増えたら、卵２個分です。そう伝えてもらえれば、家に帰ってから卵を二つ持って重さを確かめることができますね。

　大きくなることを子どもは楽しみにしています。しかし、デジタルの体重計では数字が示されるだけなので、実感を伴って理解することができません。数字ではなく身近な物に置きかえた、見事な表現方法だと思いました。

　身長については、卒園時に３年間の成長をリボンなどで視覚化するとわかりやすいですね。

BOOK
さらに学ぶために

『新版　幼児の科学教育』中沢和子著　国土社　1986 年

「子どもに科学を教えるための本ではなく、子どもの生活のなかに科学の基礎を見出すための本」と著者も述べているとおり、子どもの生活を中心に語られています。「数と量の指導」の箇所には、本テキストのベースとなる考え方が書かれています。参考にするとよいでしょう。

- -

『小学館の子ども図鑑　プレNEO　楽しく遊ぶ学ぶ　かず・かたちの図鑑』黒澤俊二監修
小学館　2008 年

幼児向きの図鑑ですが、保育者が環境の構成をするときにヒントを得ることができる一冊。本書も参考にしています。自然や生活のなかで、無意識のうちに数量・図形の体験を重ねていることにあらためて気づかされます。保育者がまず「かず・かたち」のおもしろさを体感したり、発見したりしてみてください。

- -

『フィボナッチ──自然の中にかくれた数を見つけた人』ジョセフ・ダグニーズ著、
ジョン・オブライエン絵、渋谷弘子訳　さ・え・ら書房　2010 年

1、1、2、3、5、8、13、21……。この数のならびは、「フィボナッチ数列」と呼ばれ、花びらの数や植物の蔓の"うずまき"など、自然の生物の形に共通して現れる数列です。フィボナッチは、自然の神秘に気づいた人なのです。小学生向けなので、数学が苦手な人でも抵抗なく読むことができます。

- -

おすすめ **絵本**

『10 人のゆかいなひっこし（美しい数学シリーズ）』安野光雅作　童話屋　1981 年

- -

『やさいのおなか』きうちかつ作／絵　福音館書店　1997 年

- -

『伝承おりがみ I ～ IV』つじむらますろう編／絵　福音館書店　1993 ～ 1995 年

- -

『ぼくはぞうだ』五味太郎作　絵本館　2008 年

- -

『はらぺこあおむし』エリック・カール作／絵、もりひさし訳　偕成社　1976 年

- -

事例

おやつの時間です　3歳児7月

　一緒に遊んでいた友達とホッと一息、会話を楽しみながらおやつを食べます。体を休めるとともに水分補給や栄養補給の意味がありますが、それ以外にも3歳児は多くのことを学びます。

　牛乳の好きな子は、牛乳の注がれたカップをのぞき込み、量の多いカップをもっていきます。おかわりをしたいときには「半分ちょうだい」「たくさんちょうだい」など、量についての言葉を使います。ビスケットやせんべいを食べながら、「今日は、おせんべい一つとビスケット一つだよ」「おせんべいが三日月になっちゃった」など数や形についての会話も、おやつの和やかな雰囲気のなかで出てきます。

大型積み木であそぼ　3歳児4月・5歳児1月

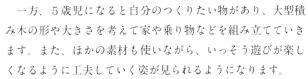

　入園当初の3歳児にとって、ウレタン製の大型積み木は家にない魅力的なものです。目的があってつくるのではなく、友達と一緒に上に乗ってみたり重ねてみたり、体で積み木の大きさを感じながら遊びます。そして、たまたまできたものを何かに見立てて遊びます。

　一方、5歳児になると自分のつくりたい物があり、大型積み木の形や大きさを考えて家や乗り物などを組み立てていきます。また、ほかの素材も使いながら、いっそう遊びが楽しくなるように工夫していく姿が見られるようになります。

折り紙できた　5歳児6月

　入園当初の3歳児は、おたよりなどを半分に折るのも一苦労ですが、毎日半分に折るということを続けていくと、徐々に角を合わせて折れるようになってきます。5歳児ともなれば、折り紙の手順を示した掲示物を見て、一人で折れるようになります。掲示物には手順に沿って折り紙を貼りつけ、「さんかく」「しかく」「はんぶん」などと説明の言葉も添えられています。

　子どもは日常生活のなかで、人数や物を数えたり量を比べたり、形に接したりする体験をしています。つまり、子どもは五感を通した実体験が伴った体験をするうちに、数量や図形などの概念を獲得していくのです。保育者は子どもの体験の意味を理解し、環境を工夫し、援助していくことが大切です。

09 標識や文字の必要感を育む

内容 (10) 日常生活の中で簡単な標識や文字などに関心をもつ。

　右の写真は、お医者さんごっこのおもちゃです。外国製のおもちゃなので、日本語で書いてありません。しかし、入れ物の外側に小さなマークがあります。子どもの絵の横に「0～3」と書かれているので、「0～3歳の子ども」を示していることはわかりますね。そして、その上に斜線が引かれている（禁止のマーク）ことから、0～3歳の子どもは使用してはいけないおもちゃであると読みとることができます。

　このように文字は読めなくても、「絵文字（ピクトグラム）」の意味する内容は簡単に理解することができるのです。生活のなかには、トイレや非常口など場所を示すもの、交通標識、ゴミの分別、洗濯の方法など標識があり、私たちは便利に利用しています。

　標識には意味があり、人が人に向けたメッセージでもあります。コミュニケーションの手段の一つであるといってもよいかもしれません。古代の文字は、具体的なものをかたどった絵のようなもの、形のないものをシンボルとして表す符号のようなものから始まったといわれています。私たちになじみの深い漢字もすべて象形文字や指示文字が基本となっています。標識と文字のつながりが見えてきましたね。

　人類は文字を使うことで、世代を超えて知識を伝え、文明を築き上げてきたといわれています。私たちは生まれると同時に、文字のある世界に存在します。とくに日本では、家庭でも新聞や雑誌、絵本などの出版物やテレビのなかのテロップ、街に出かければお店の看板や交通案内など、幼い時期から文字にふれる機会が豊富です。私たちは意図的もしくは無意識的に文字に接し、満5歳頃までには、ひらがなを読めるようになっています。

　人が人に何かを伝えたり、人と人とがつながり合ったり、遠くにいる人々や時代を超えた人々に知識や文化を伝えたりすることは、文字があるからこそできます。幼児期から私たちは、絵本を読んだり郵便ごっこをしたりすることで、体験的に文字のすばらしさを感じているのです。

象形文字	ものの形の特徴を絵で表現し、絵をもとにつくられた文字。

指示文字	形に表しにくいものを点や線を使って表した文字。

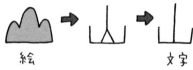

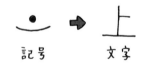

　この章のタイトルは、「標識や文字の必要感を育む」となっています。「必要感」という言葉はあまりなじみのない言葉ですね。保育者は、「人が人に何かを伝える、また人と人とがつながり合うための文字」が私たちの生活には欠かせないものであるということを子どもが感じとれるように、様々な活動や環境の構成を行います。幼児期に文字の必要感を育むことが、小学校での文字教育への移行を容易にするのです。

標識をみつけよう

　私たちの身近には様々な標識があります。キャンパス内や周辺にある標識（サイン）と身近にあるマークを探してみましょう。

サイン

非常口			

プラスチックの リサイクルごみ			

Point

サインやマークについて

標識や絵文字を理解するためには、その標識に関連した生活体験が必要です。また、約束事を理解すると、標識を容易に理解することができます。たとえば、赤い斜線が禁止の印であるということを知っていれば、携帯電話と禁止の印で携帯電話は使用禁止の場所だということがわかります。いずれにしても意味を受けとめようとする姿勢が大切ですね。

右の写真を見たとき、「NTT ドコモ」だとすぐわかるでしょう。私たちは自動車会社のロゴなどのブランド（商標）を一つの「かたまり」としても見ているのですね。

子どもは文字を使いこなせるようになる過程で、単語を一つの「かたまり」として聞き、発音しています。このような「かたまり」型の認識は、文字においても同じようなことが起こります。2〜3歳児頃は、文字はまだ読めませんが、友達に興味があり、ロッカーに目印のシールと一緒に書かれた自分や友達の名前の文字を見ていることがあります。すると、それが自分や友達の名前だということがわかるようになってきます。

しかし、「ゆ」「か」「り」という個別の文字は読めないこともあります。「ゆかり」という文字の組み合わせを「かたまり」としてとらえているからです。ちょうど私たちがロゴを一つのかたまりとしてとらえ、読んでいるのと同じなのです。ですから、幼い子どもが文字を見て読んだからといって、大人の「読める」状態とは違っている場合もあります。

 コラム 「必要感」という言葉について

知り合いと話をしていて気づいたことですが、「必要感」という言葉は、一般的にはなじみのない言葉のようです。みなさんは、どうでしょうか。

『幼稚園教育要領』における領域「環境」の「内容の取扱い」の（5）には、「数量や文字などに関しては、日常生活の中で幼児自身の必要感に基づく体験を大切にし」と記されています。では、「幼児自身の必要感に基づく体験」とは具体的にどのようなものでしょう。

私は講義のなかで頻繁におやつの事例を話します。みなさんにも体験してもらいましたが、パンを半分にする事例、個装されたチョコレートを分ける事例などです。「食べ物の話が多いな」「先生、食いしん坊だな」と思っている学生も多いと思いますが、ある時「分けるだけだったら積み木でもいいよね。6つの積み木を二人で分けるのも、チョコレートを分けるのも同じ体験かな？」と学生に問いかけました。すると、一人の学生が「私はチョコレートのほうがいい。だって、そのほうがうれしいもん。子どもたちもうれしいと思う」とつぶやきました。

そうです。「必要感に基づく体験」とは、子どもにとって「うれしい体験」と言いかえてもいいでしょう。「うれしい体験」や「楽しい体験」は、遊びのなかにもたくさんあります。たとえば、お店屋さんごっこをしている5歳児がお客さんにたくさん来てもらえるよう看板を書いてみたり、お金やチケットをつくって3歳児や4歳児に渡したりするなど、お店屋さんごっこをいっそう楽しくするために行う活動が楽しい体験です。そんななか、先生に書いてもらうことで文字にふれたり、自分で書いてみたりすることが「必要感に基づく体験」なのです。

体験する1 しりとりに挑戦！

　子どもの頃、しりとりが大好きだったり、しりとりが流行した時期がありませんでしたか。たぶん4歳頃から小学校低学年の頃だったのではないでしょうか。その頃のことを思い出しながら、友達と数人で遊んでみましょう。

　みなさんは気づいていないかもしれせんが、いくつかの過程を経て初めて文字や文章を書くことができるようになるのです。単語を「かたまり」としてとらえているうちは、文字を書くことはできません。まずは「音韻意識」をもつところから始まります。音韻意識とは、言葉を分解して「音」を意識することをいいます。

　日本語の基本はひらがななので、発音どおりに書けることがベースになりますが、言葉には"意味"の面と、"音"の面があります。たとえば、「冷蔵庫」という言葉には、『広辞苑』によると「内部を低温に保つようにした箱または室。食品などの冷却・保存に用いる」と意味があり、「れ・い・ぞ・う・こ」という音に分けられます。

　一音ごとに手をたたきながら「れいぞうこ」と言ってみてください。「れいぞうこ」（イメージ①）と5回手をたたいたと思います。しかし、音韻意識をまだもっていない子どもは、「れーぞーこ」（イメージ②）と3回たたきます。音韻意識をもつようになるのは、おおよそ4〜5歳頃で、この力が「文字」理解の基礎となります。

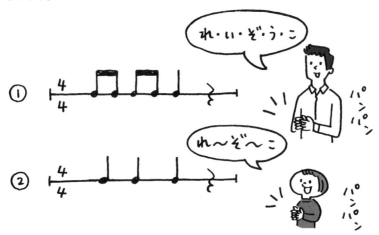

　みなさんは「グリコ」という、じゃんけん遊びをやったことがありますか。「グリコ」は音韻意識をしっかりともつことで楽しめる遊びです。

　「グ・リ・コ」は一音節ずつ階段を進んでいくだけですが、「チョコレート」には、拗音（チョ）と長音（ー）が含まれており、「チョコレイト」と言いながら進みます。また、「パイナップル」には促音（ッ）が含まれています。このような遊びをとおして音韻意識を確立していきます。

　先ほどみなさんが挑戦した「しりとり」は、音韻意識を身につけられる遊びの一つです。一文字ずつ手をたたいて、最後の文字を意識させるような援助をすると徐々にできるようになってきます。ほかには「あたまとり」（「あ」のつくものなーに）や「だじゃれ」「なぞなぞ」などがあります。

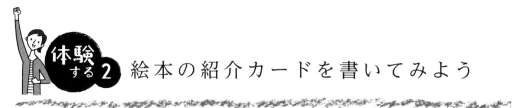

体験する2 絵本の紹介カードを書いてみよう

　子どもの頃、好きだった絵本や、子どもたちに読んであげたい絵本の紹介をしましょう。ただし、ここでは5歳児に新着絵本を紹介する（図書室や絵本コーナーに貼っておく）という設定で、すべてひらがなを使用して書いてみてください。

準備するもの

- 画用紙
- サインペン
- 飾りをつけたい人は、飾りやのり

学生が作成した紹介カード

　みなさんのつくった紹介文の写真を貼りましょう。

```
PHOTO
```

　左のカードは、読み手の興味をそそる短い文章で書かれています。大きな文字がタイトルであることはわかりましたが、もう一工夫あるよいと思います。ひらがなやカタカナを丁寧に正確に書こうと努力されている姿が見られましたが、ペンの太さやにじみ方にまで気を配ることができると、さらによいですね。

　保育者はひらがなを書く機会が非常に多いです。子どもが直接見るので、正しい文字を書くようにしましょう。

　領域「環境」の内容にも、文字への興味や関心、感覚をもつことがあげられています。

　「書く」ことは、細かな練習が必要で、筆順も含め丁寧な指導が必要です。幼児期に取り組むのは子どもも大人も大変な力量を要しますし、巧緻性（手先の器用さと、器用に動かす能力）の発達も考慮して、文字を「書く」指導は小学校から始まるのです。

　しかし、文字に興味や関心を示し、自分でも書きたがる子どもも少なくありません。そのため保育者は書いている姿を見せたり、教えたりすることもあります。ですから、日常的にえんぴつの持ち方や筆順にも注意しなければなりませんね。

『幼児期（岩波新書）』岡本夏木著　岩波書店　2005 年

幼児の発達に必要な「しつけ」「遊び」「表現」「ことば」について、現代の子どもがおかれている環境から問題を整理し、吟味しています。発達と教育に関心のある人、自分の中にかつての自己の幼児期を見直そうとする人には、新たに「幼児期」をとらえ直すきっかけとなることと思います。

『保育者になるための国語表現』田上貞一郎著　萌文書林　2010 年

保育者として恥ずかしくない会話表現と文章表現について、具体的な場面を想定しながら丁寧に解説を加えています。学生のうちに身につけておきたい国語表現が網羅されており、実践的な一冊。正しい仮名の演習問題、字形の誤りなど参考になります。

『幼児の文字教育』しおみとしゆき著　大月書店　1986 年

就学前の文字に関する調査結果や事例に基づき、早期教育についての議論を整理しつつ、幼児の文字教育について解説。さらに、幼児の発達に即した具体的な方法や留意点なども述べられています。幼児期の文字に関する指導が、なぜ興味や関心から出発することが大切なのか理解できます。

『なぞなぞえほん（1のまき・2のまき・3のまき）』中川季枝子作、山脇百合子絵
福音館書店　1988 年

『かかかかか』五味太郎作　偕成社　1991 年

『さる・るるる』五味太郎作／画　絵本館　1980 年

『やじるし（かがくのとも 2004 年 11 月号）』蓮見絵里子文／デザイン、蓮見智幸写真
福音館書店　2004 年

『サインとマーク』村越愛策監修　フレーベル館　2003 年

事例

裏から見ても、おんなじ　4歳児11月

　レイジが商店街の薬局ののぼりの「本日」という文字を見て、「裏から見ても同じだ」と報告に来ました。みつけたことがよほどうれしかったのでしょう。ひらがなは書けませんが、だいたい読むことはできます。まだ漢字を読むことはできませんが、文字への興味や関心は高まってきています。

文字で遊ぼう　5歳児7月

　保育者は、子どもが標識や文字に出会える環境を意図的に構成します。写真は文字積み木で遊んでいる子どもたちです。高く積み上げることに夢中になっているタカユキ、積み木を床に並べて見ているマサヒロと、遊び方はそれぞれですが、文字と出会っています。やがてマサヒロの遊びは、「ふろ」など二つの文字を組みあわせて単語をつくる遊びへと変化していきます。

絵本と仲良し　5歳児7月

　虫の好きなアキヒロは、テントウムシやバッタなどを園内でみつけると、部屋に持ち込み図鑑と見比べます。ごっこ遊びが好きなリサは幼稚園ごっこをしているのか、保育者の真似をして友達数人の前に座り、絵本を読んで聞かせます。3歳児の頃は絵本を読んでもらうことが多かった子どもたちも、5歳児になると積極的に絵本を遊びのなかに取り入れるようになってきます。

あおぐみ新聞、創刊　5歳児11月

　保育者へ向かって「先生、お母さんたちへの掲示板みたいなのつくりたい」とカズオ。「その日に遊んだことや、あったことをお知らせしたいの？」と保育者が聞くと、カズオはうなずきました。そこで、「あおぐみしんぶん」を書くことに。その日の伝えたいことを自由に絵や言葉で表します。人に何かを伝えたいという気持ちが子どもたち中に高まってきています。

　遊びや生活のなかで自然に文字にふれられるような環境を構成することで、次第にコミュニケーションの道具としての文字に気づいていくことができるのですね。また、保育者自身が図鑑を使って調べる姿を見せたり、子どもの前で文字を書く姿を見せたりすることも、子どもの文字への興味や関心をうながします。

⦿10　身近な情報や施設を生かし、生活を豊かにする

内容（11 ）生活に関係の深い情報や施設などに興味や関心をもつ。

　みなさんは、大学からの情報をどのような方法で入手しますか。私が大学生の頃には、キャンパスの掲示板が主な情報源でした。入学時に、「大学へ来た際には全学、学部、学科の掲示板をかならず確認するように」と案内され、講義や試験、学生生活にかかわる情報などを入手していました。今も掲示板での情報の伝達が中心だと思いますが、インターネットからも情報を入手することができるようになりました。休講の情報がホームページから確認できるのは、非常に便利ですね。また、そのほかにも学生生活や図書館などの情報誌やリーフレットなどもあることと思います。

　一般的な情報は、テレビやラジオ、インターネット、新聞、雑誌、書籍などから入手することが多いと思いますが、身近な生活にかかわりの深い情報について、みなさんはどのような方法で入手しますか。最近はインターネットを利用する人が多いかもしれませんね。ただ、インターネットは、知りたい情報があって調べる場合には向いていますが、情報を一目で見るのには紙媒体が適しているように思います。

　地方公共団体の広報誌を見ると、くらし、募集、講座・講演会、催しなど生活にかかわる情報が掲載されています。広報誌は、パソコンから PDF で見ることも可能になっている地域が多いかもしれません。

　また、ホールで出している情報誌には、開催される公演情報とともに簡単な解説、たとえば能であれば「能舞台」「あらすじ」等、能の楽しみ方を掲載するなど内容が深いものもあります。さらに、文化情報誌には地域の地図とともに地域の歴史、文化、産業についてわかりやすく書かれているものもあります。

　これらの情報誌は、役所、ホール、図書館、公民館など公共施設に置かれています。また、イベントのチラシなども一緒に入手できます。上の写真は、私の勤務する大学の図書館や学生課にあった情報誌やチラシの一部です。みなさんのまわりにも生活にかかわる情報が転がっていることでしょう。みなさんの気持ち次第でいくらでも情報を得ることができます。知っているようで知らなかったことも発見できるかもしれません。自分の住んでいる地域や大学の付近のことをよく知ることで、いっそう地域への愛着が深まることと思います。

保育者自身が、地域の催しや出来事など様々な情報に興味や関心をもたなければ、子どもたちに折にふれて提示し、興味や関心を引き出すことは難しいでしょう。また、図書館や高齢者福祉施設などの公共施設も日頃から利用し、その良さを感じていなければ、子どもと一緒に園外保育等にも出かけられません。学生時代は地域との接点が少ないかもしれませんが、自分の暮らしている地域や大学付近に積極的に出かけてみることをおすすめします。

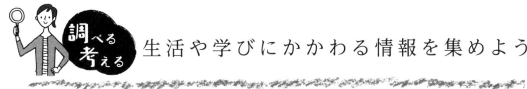

生活や学びにかかわる情報を集めよう

　まずは、自宅や大学の地域にはどのような情報誌（情報紙）があるか調べ、その特徴を書き出しましょう。そして、そのなかから興味のある記事や乳幼児向けのイベントを抜き出してみてください。

情報誌（情報紙）	特徴	興味を引いた記事
静岡気分	静岡市が月に2回発行している広報誌。障害者福祉課など各課からの生活に必要な情報、保健福祉センターや科学館など施設のお知らせや催し、講座の情報、各区の散策マップや人の紹介、出来事などが掲載されている。	●講演会「せいめいのれきし」を読む （最新の恐竜学からみた…） 2/13（日）2時〜　静岡科学館 ●冬の夜空を楽しもう 2/19（土）6：30〜8：30 北部生涯学習センター
まちかど㊲　登呂周辺	（財）静岡市文化振興財団が年2回発行している文化情報誌。毎回市内のあるエリアにスポットを当て、地域の歴史、文化などを紹介。会社やお店、教育機関、公園などの情報が掲載されている。「ちょっと小話」のコーナーがおもしろい。	登呂遺跡の歴史と再整備の経緯、リニューアルオープン後の全体像など。 登呂遺跡の近くにある静岡新聞社付近の現在と移転当時（昭和45年）の比較もおもしろい。

情報誌（情報紙）	特徴	興味を引いた記事

 興味をもったイベントに参加したり、地域を歩いたりしてみてください。地域への愛着をもつことができると思います。また、保育者になったときのために、その園の地域を知る、地域の情報を得る方法を学生時代から学んでおきましょう。

地域マップをつくろう

調べる 考える

自分の暮らしている地域や大学の地域の公共施設や公園などのマップを次のページに描いてみましょう。園外保育に活用可能な公共施設や公園、子どもたちと一緒に買い物に行けるようなお店、高齢者とふれあえる場所などを対象とします。簡単に施設の概要や情報を書き込んでおくとよいですね。前ページで紹介した文化情報誌・情報紙のようなものを参考にしたり、実際に足を運んでみたりしましょう。

一本松公園
標高304mの所に位置するため、
１時間近くかかるが、ハイキングコースとして人気。遠足などのときに登るのが良い。

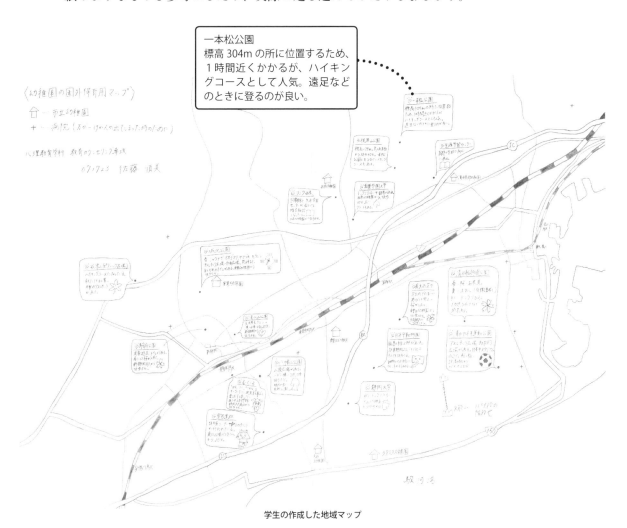

学生の作成した地域マップ

この学生は、静岡市の全域にわたって調べたようです。位置が若干違っているところもありますが、施設の概要や植栽なども書かれており、良いと思います。みなさんはもう少し狭いエリアで調べてみましょう。地元の商店街なども入れておくといいですね。

地域マップ

体験する 動物園クイズにトライ！

　子どもも大人も楽しめる動物園へ行ってみましょう。今回は、ただ「かわいい」だけでなく、少し視点を変えて、よく観察しましょう。下のワークシートは子どもから大人まで使える簡単なものです。

　人間は立っているとき、かかとをつけています。普通にしているとき、かかとをつけている動物は？
ニホンザルですね。ほかにもいますよ。
　人間は走っているとき、かかとを上げていますね。では、いつもかかとを上げている動物は？
　人間がトゥシューズで立っているときのような足の形をした動物は？
　それぞれの動物と人の足を比べてみましょう。

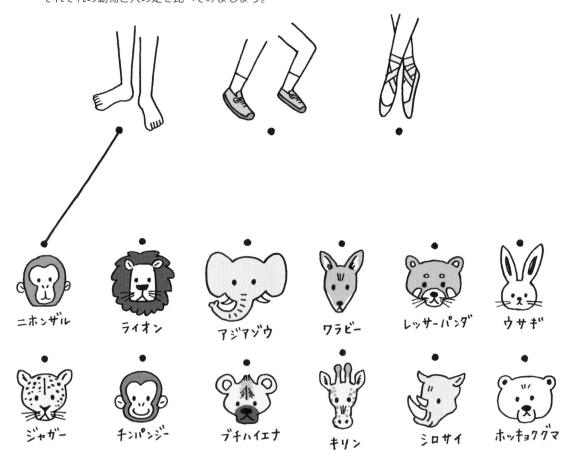

注意すること

*動物園へ行く前に、公共交通機関を調べたり、交通安全を確認したりしましょう。

*アレルギー等をもっている人は、注意が必要です。また、動物とふれあう前後にはかならず手を洗いましょう。

Point

かかとの位置を見てみよう

指先からかかとまで
地面につけている仲間
（蹠行性）
しょこうせい

ヒトのほか、サルの仲間、クマの仲間など、
2本の足で体を支えることができます。

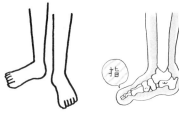

指の部分を
地面につけている仲間
（指行性）

イヌ科やネコ科の動物などの後ろ足は、
クラウチングスタートの姿勢と同じです。

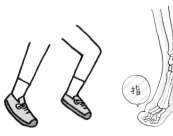

指先だけを
地面につけている仲間
（蹄行性）
ていこうせい

ウマやウシ、シロサイなど蹄をもっている動物です。
ひづめ

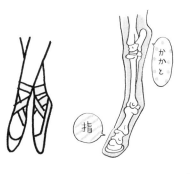

　動物の姿や形は、進化や生態が反映されています。動物の足と人間の足を比較して、生態に気づいた人もいるのではないでしょうか。
　私たちは、いつもかかとをつけて歩いています。しかし動物の世界では少数派で、かかとをつけて歩くのは、クマの仲間と私たちサルの仲間だけです。私たちと生活を共にしているイヌやネコもかかとをつけていません。オオカミやライオンもそうです。獲物をみつけたときに素早く走る体勢になれるようにいつもかかとをつけないのです。私たちも走るときには、かかとをつけていないですよね。
　足だけではなく、目のつき方、耳のつき方、歯や口の形、しっぽ、うんちなどに注目してもいろいろなことが発見できますよ。

*子ども向けコンテンツは日本平動物園のHPの「日本平動物園学習プログラム」よりダウンロードできます。

Point

動物園は ESD の拠点施設

日本では、動物園は博物館法に定められた社会教育施設の一つです。1828 年に開設されたロンドン動物園が世界初の動物園だといわれています。当時は科学的研究のために動物を収集しておくことが目的でしたが、現在、日本動物園水族館協会加盟の動物園では、「種の保存」「教育・環境教育」「調査・研究」「レクリエーション」という目的をもって運営されています。

動物園は私たちの感性を刺激してくれる身近な施設であると同時に、そこで暮らしている動物たちは、私たちにグローバルな視点を提供してくれます。

たとえば、人気者のゾウですが、日本の動物園では高齢化が進んでいます。このままでは、50 年後には日本の動物園からゾウはいなくなるともいわれています。動物園のイベントなどで、抜けた歯や毛などに触れさせてもらえる機会がありますが、50 年後にはガラスケースの中で見るだけになってしまうかもしれませんね。

世界に目を転じると、アフリカゾウの象牙は高額で取引されています。アフリカゾウの乱獲が続くと、あと 10 年で全滅するともいわれています。アジアの新興国の経済発展に伴い、象牙を求める富裕層の増加が乱獲の要因とされていますが、密猟象牙の売り上げがテロの資金になっているという指摘もあります。

現在、世界には環境・貧困・人権・平和・開発といった様々な地球規模での課題があります。動物園は、地球に存在する人間を含めた命ある生物が未来までその営みを続けていくために、課題を自らの問題としてとらえて、一人一人が自分にできることを考え、実践していく（think globally, act locally）きっかけとなる身近な施設といってよいでしょう。

動物園のほかにも公民館や高齢者施設などいろいろな公共施設があります。一つでもいいですからボランティアに参加すると、その施設のことがよくわかりますよ。社会人になると時間がとりにくくなるので、学生時代にボランティアに参加し、学んでおくことをおすすめします。

また、お世話になった公共施設には礼状を書くなど、社会人としてのマナーも身につけておきたいですね。

BOOK さらに学ぶために

『いま動物園がおもしろい（岩波ブックレット No.623）』市民 ZOO ネットワーク著　岩波書店　2004 年

新しい展示施設を完成させ人々を魅了する動物園、「種の保存」と「環境教育」の役割を担う動物園について、展示方法とその目的や飼育動物の福祉についてなど平易な言葉で書かれています。さらに、動物園で何が学べるのか、どのような見方をしたらよいのかを指南してくれる一冊です。

おすすめ 絵本

『町のけんきゅう』岡本信也／岡本靖子文／絵、伊藤秀男絵　福音館書店　2000 年

『どうぶつのあしがたずかん』加藤由子文、ヒサクニヒコ絵　岩崎書店　1989 年

『みんなうんち』五味太郎作　福音館書店　1981 年

コラム

　「生活に関係の深い情報や施設など」は、各園のある地域によってずいぶん違います。

　ある園での園外保育に同行させてもらったときのことです。2 月、卒園を間近に控えた 5 歳児たち。この日は、半数の子どもが進学する小学校へ全員で遊びに行きます。少し離れた場所にあるので、歩いていくことはできません。そこで、全員で路線バスに乗って出発です。

　5 歳児は一クラスなので、1 台のバスに乗れました。遠方から通園してくる子どもも、保護者の車か自転車を使用しているので、バスに乗る生活はあまりしていないようです。しかし、先生に何も言われなくても、二人掛けの席には 3 人で座り、誰かが少し大きな声で話し出すと注意をする子どももいました。

　上手にバスに乗れる理由を先生にお聞きしたところ、「園の位置するところは郊外ですが、バス停も近く、昼間ならば 10 分に 1 本のペースで運行しているので、街中の科学館にいくときにも利用しています」とのこと。初めての体験ではなかったのですね。園児数やバスや電車の運行状況などにもよりますが、公共交通機関を利用して園外保育に出かけるのも良い体験になるでしょう。

　この日は、小学校の校庭で 1 年生と遊び、小学校の周辺を散策したあと、再びバスで園に帰りました。子どもたち自身がマナーを守りながらも、ニコニコしながらバスに揺られている姿が微笑ましかったです。

トマトの苗、ください　5歳児5月

　5月、クラス前の花壇に夏野菜の苗を植える季節です。この日は、8名の5歳児が近くの花屋さんへ苗を買いに行くことになりました。担当となった子どもは、栽培したい野菜と苗の本数を3歳児や4歳児クラスの保育者に聞きに行き、お金を預かります。

　花屋さんに着いたら、頼まれた買い物を各自します。「こんにちは」「この苗、トマトですか？」と緊張気味なナナミ。少し悩みましたが、元気のよさそうな苗を選び、レジへ行きます。慎重に支払いを済ませます。

　園に帰り、レシートとおつりを担任保育者に渡します。3歳児や4歳児クラスの保育者に苗を渡すと、「ご苦労様。ありがとう」と言われました。ナナミはほっとしたような表情に変わり、うれしそうに自分の部屋へ戻りました。

図書館へ行こう　5歳児11月

　11月、この園では近くの市立図書館へ4回行き、図書館の本を借ります。この日、子どもたちは図書館に着くと返却の手続きを済ませ、本を書架に戻します。どこから借りたか子どもは覚えているのです。返却した本の近くの本を選ぶ子、まったく別の書架へ移動し探す子、ベンチに座ってじっくり読んでいる子、なかには英語の絵本コーナーへ行き、「英語の本もあるよ」と保育者に小声で伝える子もいます。蔵書数と種類は、園の図書室とは比較になりません。

　クリスマスまでにはまだ1ヵ月ありますが、素敵な掲示物が飾られ、コーナーもつくられています。絵本の世界地図も貼ってありました。男児二人がながめながら、日本の場所を確認しています。

　帰りの時間が来ました。子どもたちは静かに貸し出しのカウンターに並びます。恐竜の好きなリョウマは、今日も恐竜の厚い本を借りていきます。

　子どもの生活にかかわりが深く、興味や関心がもてるような公共の施設、たとえば図書館や高齢者福祉施設などを利用したり、訪問したりする機会を設けることで、子どもの生活体験は豊かになります。体験を通して公共心の芽生えを培っていくことも可能です。

　また、一つ目の事例の園では一年間を通して、柏餅、カレーの材料、豆まきの豆など園全体で使う材料を園の近くの商店に買いに行くそうです。地域の店に行き何が売れているのか、お店の人はどんな人なのかなど、自分の生活に関係の深い場や情報に興味や関心をもてるような機会も、子どもにとって大切です。

第3部

教材を研究し、
指導計画をつくる

第2部ではみなさん、様々な素材を体験し、体験からの学びを経験に変えていったことと思います。第3部では、その経験をもとに、素材を教材化していきましょう。具体的には、「指導計画」と「保育室の環境の構成案」を作成します。

第3部に入る前に

雨上がりの園庭の砂場を5歳児がシャベルで掘りはじめました。すると、周囲の砂から雨水がしみ出し、掘った穴の中には水がたまりはじめました。5歳児は「温泉が出てきたよ」と驚きの声を上げました。

　このようなとき、あなたは保育者としてどのような援助をしますか。

　保育者は、子どもの思いや願いを感じとりながら、保育のねらいや流れ、子どもの育ち、理論や経験知に基づき援助を行います。子どもの思いに共感しつつ一緒に穴を掘り、他児も加われるような大きな湯船をつくってもよいでしょう。子どもは水が砂にしみ込むという性質、また低いほうに流れるという性質を体感しながら学んでいるのです。

　さて、そろそろ片づけの時間になりました。数人の子どもが遊びに加わり、大きな湯船ができています。いよいよ湯船に入っての温泉ごっこが本格的に始まりそうです。あなたは、どのような援助をしますか。

　子どもの思いや願い、遊びの継続や発展を大切にするのならば、温泉はそのままにしておき、砂場の道具だけを子どもと一緒に片づけるでしょう。子どもからそのような声が上がるかもしれません。

　その日の保育は終了しました。保育を記録し、振りかえり省察をします。それから翌日の日案を立案します。あなたならどのような環境の再構成をしますか。温泉らしく演出するためには何が必要なのか具体的に考え、準備します。たとえば、手桶や洗面器、椅子などがあると、雰囲気は一気に温泉らしくなりますね。

　では、あなたなら、準備したものを翌日、どのように提示するでしょうか。
①遊んでいた子どもに準備したことを直接伝える。
②すぐに遊びだせるように砂場に置いておく。

③下駄箱付近にさりげなく置いておく。

　などが考えられますが、提示の方法一つとっても、その保育者の子ども観や保育観、願いなどが反映されます。さらに、砂場に隣接された小屋や四阿があるのならば、そこでどのような遊びが展開されるのかを予想しておく必要もあります。

　「環境を通して行う教育」では、子どもの主体性を重視しています。子どもが環境に働きかけていく姿から保育を展開し、子どもの学びを支えていくのです。

　しかし、実際の現場をみると、かならずしも「環境を通して行う教育」を行っている園だけではありません。幼稚園や保育所の歴史や取り巻く事情から、実際には多様な指導形態がとられています。それはアメリカ人のスーザン・ハロウェイ（Holloway,S.D.）が観察した日本の保育の事例からもわかります。指導形態が異なれば、指導計画の書き方や環境の構成も異なるでしょう。

　第３部では、多様な指導形態とカリキュラムについて紹介したあと、指導計画の作成、環境の構成など実践的な内容を取り上げていきます。

第1章

指導形態とカリキュラム

いろいろな指導形態が存在するのはなぜ？

指導形態というと、「一斉」か「自由」かと考えてしまいがちですが、実際には多様な指導形態があります。

スーザン・ハロウェイは事例の分析から、日本の幼稚園を「関係重視型の幼稚園」「役割重視型の幼稚園」「子ども重視型の幼稚園」の３つのタイプに分け考察を加えています。多少誇張していると思われる部分もありますが、日本の幼児教育の多様性についていくつかの事例があげられています。

なぜ日本の幼稚園には、多様な指導形態が存在するのでしょうか。

それは、カリキュラムと深く関係しているのです。カリキュラムは、園がもっている保育観や子ども観を強く反映します。つまり、保育や子どもに対する考え方の多様性が、カリキュラム、そして指導形態に大きく影響しているのです。

第２章以降の「指導計画の作成」と「環境の構成」について考えるとき、園の保育観や子ども観、カリキュラム、そして指導形態が深くかかわってくるということを覚えておいてください。

教育課程と全体的な計画

まず、前の節で出てきた「カリキュラム（curriculum）」という言葉について、少し説明を加えたいと思います。

みなさんもすでに勉強してきていることと思いますが、「教育課程」という言葉はカリキュラムの訳語で、戦後の学習指導要領で初めて用いられたといわれています。その後、「組織的に内容を配列した学校全体の計画」という意味で使用されています。

幼稚園で教育課程という言葉が本格的に使われるようになったのは、1964（昭和39）年に改訂された幼稚園教育要領にて「教育課程の編成」が明示されてからです。現行の『幼稚園教育要領解説』では、以下のように記されています。

　教育課程は、幼稚園における教育期間の全体を見通したものであり、幼稚園の教育目標に向かい入園から修了までの期間において、どのような筋道をたどっていくかを明らかにした計画である。その実施に当たっては幼児の生活する姿を考慮して、それぞれの発達の時期にふさわしい生活が展開されるように、具体的な指導計画を作成して適切な指導が行われるようにする必要がある。
　また、教育課程は幼稚園における教育期間の全体を見通し、どの時期にどのようなねらいをもってどのような指導を行ったらよいかが全体として明らかになるように、具体的なねらいと内容を組織したものとすることが大切である。（p.98）

　これまで保育所も、保育の全体計画である「保育計画」に基づき年齢別などの「指導計画」を作成し、保育を進めてきましたが、2008年に改定告示された保育所保育指針（以下、保育指針）では、保育指針に基づく「保育課程」を編成（現行の保育指針の総則では「全体的な計画の作成」）するとともに、これを具体化した「指導計画」を作成することが義務づけられました。
　本書では、幼稚園・保育所・認定こども園の全体計画を示す言葉として「カリキュラム」という語を用いて解説をしていきます。

カリキュラムには二つのタイプがある

　前にも述べましたが、カリキュラムは、園がもっている保育観や子ども観を強く反映します。さらに、カリキュラムの考え方が指導形態に大きく

影響しています。

　小学校以降の学校教育では、カリキュラムは教育目的・目標および方法とは一応、区別された概念だとされています。

　ただ、保育の現場においてはそれらの間に明確な一線を引くことはなかなかできません。なぜなら、教育内容の配列ではなく、教育目標に向かっていく子どもの発達や生活の姿を明らかにしたものだからです。

　日本の幼稚園・保育所・認定こども園は設立母体が多岐にわたり、もちろん保育観も様々です。教育要領、保育指針では、子どもにふさわしい生活や遊びを通して総合的に指導することを大切にしていて、子どもの主体性を重視するカリキュラムの編成を求めています。

　しかし、「子ども中心」を打ち出しているにもかかわらず、現場では様々な指導形態がとられており指導計画も多岐にわたります。そのため、対象となる園の保育観やカリキュラム、そして指導形態について研究することが必要なのです。

　石垣〔2002〕は、カリキュラム編成上の2つのタイプと活動の主導者という視点から、以下のような「カリキュラム組織図」を用いて多様な指導形態について説明しています。本書でもこの図をもとに、環境の構成や保育者の援助など指導計画について考えてみます。

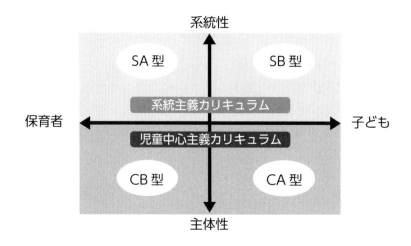

カリキュラム組織図〔石垣　2002を改変〕

縦軸はカリキュラムのタイプの軸、横軸は指導形態における主体の方向性の軸です。

　まずは縦軸を見てください。 下方の「主体性」と書かれているエリアが「児童中心主義カリキュラム」、上方の「系統性」と書かれているエリアが「系統主義カリキュラム」です。

　児童中心主義カリキュラムは、子どもの経験や主体性（C型）を中心に置き編成していこうとするカリキュラム。つまり、子どもの興味や関心を大切にしていこうとするカリキュラムなのです。

　一方、系統主義カリキュラムは、子どもの活動の系統性（S型）を重視して編成していこうとするカリキュラムです。

　系統性とは、小学校の教科教育を考えてみるとわかりやすいと思います。たとえば、算数ならば数学という学問大系があり、それを子どもの発達段階に合わせて、内容を配列していきます。

　具体的には、小学校1年生では数字や数に慣れて、数の比較や10までの数と量などを勉強したうえで、たし算やひき算の内容へ進みます。つまり順を追って内容を並べるということです。

　さらに、鬼ごっこについて考えてみてください。鬼ごっこは「逃げる・捕まえる」という関係が基本にありますが、単純な鬼ごっこから「ケイドロ」のようにルールが複雑な鬼ごっこまで様々な鬼ごっこがありますよね。それらを順に並べていくのです。

　このように、様々な活動の系統性を大切に考えていくカリキュラムを系統主義カリキュラムといいます。

子どもの主体性を育てる「児童中心主義カリキュラム」

　児童中心主義カリキュラムは、子どもの主体性と興味や関心、つまり子どもの内発的動機に基づく子どもの学びを重視しています。そのため、カリキュラムは、子ども自身が自分の好きなこと、やってみたいことが実現できるようにあらゆる種類の生活や遊びの経験を盛り込む形になります。

児童中心主義カリキュラムにおいては、子どもは植物でいうと種のようなもので、環境さえ整えば自ら伸びる存在であり、あらゆる方向に向かってつねに伸びていく可能性をもっている存在だという"子ども観"が根底にはあります。このような子ども観に基づき、子どもの興味・関心からの自発的活動を重視しているのです。

子どもの日常生活における思いから出発しているので、子どもの発達段階に即していると同時に、生活や遊びにおける切実な問題を解決していくことを通して子どもの主体性を育てていくことができるといわれています。

では、児童中心主義カリキュラムをくわしく見てみましょう。

横軸を見てください。横軸は指導形態における主体の方向性の軸です。この図では、右側に「子ども」へ矢印が伸びています。左側には「保育者」へ矢印が伸びています。「保育者←→子ども」と対極に考えています。

つまり、「児童中心主義カリキュラム」でも、子どもの主体性を最大限に重視しようとするタイプ（CA型）と、子どもの主体性をゆるやかに考えていこう、子どもの興味や関心とともに保育者の意図も重視していこうとするタイプ（CB型）があります。

◆ CA型

子どもの内発的動機を最優先して、カリキュラムはできるだけ大まかに目安を詰める程度にしようとするタイプ。子どもからの発案や意見を最大限に尊重し、保育者は子どもの活動を見守り、保育者の「ねがい」は子どもの活動の後からついていくという消極的なものになり、援助も消極的になります。

◆ CB型

子どもの内発的動機づけを中心に置きながらも、保育者は子どもの自発的な活動を側面から「ねがい」をもって援助していくという立場。つまり、子どもの思いと保育者の「ねがい」を大切にした保育を実践していこうとするカリキュラムです。具体的な指導においては、「ねがい」に沿って遊具や素材などの環境を準備し、その環境に子どもが自分の思いをもってかかわるのです。

教育要領や保育指針では、「環境を通して行う教育」を基本としています。したがって、この図の中では「CB型」に位置します。

子どもの活動の系統性を重視する「系統主義カリキュラム」

　系統主義カリキュラムについては前にも少し書きましたが、子どもの発達段階と保育活動の系統性をクロスさせてプランを立てて、計画を進めようとするものです。

　また、伝統や文化、知識的・技術的側面の伝達も大切にしています。このカリキュラムの特徴は、子どもの発達に沿って順序よく効率的に、保育内容を伝達できることです。

◆ SA 型

　子どもたちの遊びが質的に発展し、子どもたちがよりいっそう遊びの楽しさを体験することを、大切にします。そのために、保育者がカリキュラムのなかで系統的に活動の発展をイメージし準備していないと、活動の質的発展は難しくなります。したがって、どうしても保育者主導に陥ってしまいがちです。

　これは、系統主義カリキュラムの厳しいタイプとして「SA 型」に位置します。現実の子どもの興味や関心とは無関係に画一的な教え込みに傾きやすく、子どもは受け身に立たされるといった傾向があるといわれています。

◆ SB 型

　指導形態の主体を子どもに置いていて、知識や技術の伝達の系統性よりも子どもの発達や活動の系統性を尊重します。つまり「SB 型」は、子ども一人ひとりの発達の系統性をふまえながら、活動の系統性、伝統や文化も重視し、活動を深めていこうとするカリキュラムなのです。

　実際の現場では、「CB 型」のカリキュラムを基本としている園でも、季節の行事や歌、絵本の読み聞かせなどの場合、「SB 型」の考え方を用いてカリキュラムを編成しています。本書では「CB 型」と「SB 型」のカリキュラムを基本に考えていきます。

　また、教育要領と保育指針の基本は「CB 型」に位置しますが、実際の保育では、「SB 型」カリキュラムの考え方も大切です。

第2章　指導計画の作成

指導計画とは？

　指導計画は、カリキュラムなどの全体的な計画をもとに作成される具体的な計画です。

　カリキュラムは、その園の教育（保育）目標や方針を示した全体的な計画であるのに対して、指導計画は自分のクラスの子どもの姿や実態に即し、子どもたちの興味や関心のある遊びや季節の遊び、基本的生活習慣などに合わせて保育を展開していくための計画です。

　子どもたちは日々の生活や遊びの繰りかえしにより発達していきます。保育者は子どもたちに何が必要で、いつ、どこで、どのように援助・指導したらよいかなど、具体的な見通しをもって保育にあたるため、こうした計画が必要なのです。

指導計画の種類

　指導計画は、大きく分けて「長期指導計画」と「短期指導計画」があります。

◆長期指導計画

　年単位、発達や生活の時期などによって区分された期、そして月の指導計画があります。長期指導計画は、これまでの反省や記録を生かしながら、全職員の協力のもと、子どもの育ちの過程を見通し、季節の変化、動植物などの環境、行事への取り組みなどを考慮して作成します。

◆短期指導計画

　毎日の子どもの生活に密着した、より具体的なもので、週の指導計画や日の指導計画があり、クラス担任が作成します。

　週の指導計画は、１週間を単位とした生活の区切りを目安に立てる指導

計画で、日の指導計画は、週の指導計画をもとに1日を単位として前日までの子どもたちの実態をとらえ、経験する内容や環境の構成、展開される活動などを具体的に考えた計画です。

　また、1日の生活のなかから、ある一定の時間の保育活動を部分的に取り出して計画する「部分の指導計画」があります。

　指導計画の最小単位は日の指導計画で、部分の指導計画はつねに作成されるものではありません。しかし、保育研究を行う場合や誕生会やクリスマス会など園の行事、保育参観、避難訓練などでは部分の指導計画を作成します。保育実習や教育実習などの部分実習でも部分の指導計画を作成します。

　指導計画は、あくまでも一つの仮説であることを念頭に置き、保育実践後の反省・評価をふまえて改善していくことが必要です。さらに、実践の積み重ねのなかでカリキュラムも改善していきます。これを図に示すと次のようになります。

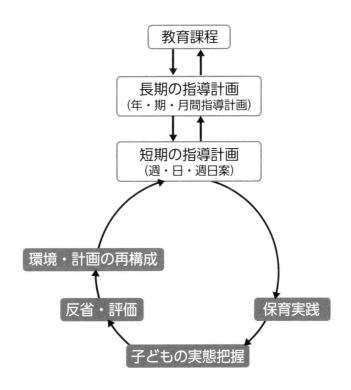

教育課程、指導計画、保育実践の関連

指導計画を作成する手順

　この章では、日の指導計画または部分の指導計画を作成してみましょう。指導計画作成の手順は、日の指導計画を中心に説明していきます。

（1）子どもの実態を把握する

　日の指導計画は、前日までの子どもの遊びや生活の実態を把握し、前日の保育とのかかわりも考えて計画を立案します。そのため子どもの実態の把握が重要です。

　それぞれの子どもがどのようなことに興味や関心をもっているのか、興味や関心をもっているものに向かって自分の力をどのように発揮しているのか、友達との関係がどのように変化してきたか、基本的生活習慣での課題は何かなどを見て、一人ひとりの子どもの実態を理解します。

（2）具体的なねらいや内容を設定する

　子どもの実態の把握ができたら、一人ひとりの発達に即した発達の方向性に向かって経験してほしいことや身につけてほしいことなどの保育者の「ねがい」を、指導計画の「ねらい」や「内容」として設定していきます。

　一人ひとりの実態に加え、園生活と家庭、地域の生活の連続性や連携、小学校等との連携などを反映させて設定していくことも必要です。

（3）具体的な環境を構成する

　子どもの実態を考慮したねらいと、内容を実現するのにふさわしい環境を工夫し準備します。

　子どもの自発的活動を引き出し、発達に必要な経験についての見通しをもつ環境の構成を計画することは言うまでもありませんが、子どもがその環境にかかわっていくとは限りません。実際の子どもの姿に従って環境を柔軟に考え、再構成していくことも実際の保育では大切です。

　とくに「CB型」のカリキュラムの保育実践では、子どもの活動を環境で導いていきます。つまり、具体的な環境の構成のなかに保育者の「ねがい」

を強く反映させていくのです。実践では、保育者は活動コーナーを設定し、子どもは自分の思いに従って選び、参加していきます。

　指導計画の項目のなかに、予想される子どもの姿や、それに対する環境の構成と保育者の援助を具体的にイメージしやすくするために、人的環境や物的環境などの環境図を書き記しておくと、実際に環境を構成するときの手がかりとなります。

　領域「環境」では、環境の構成は非常に重要です。期や月の指導計画での環境構成についても次節で学んでいきましょう。

（4）子どもの活動と保育者の援助を予想する

　実際の保育の場面では子どもたちの発想を大切にし、保育者と子どもが共に環境をつくりだしていくという視点をもって保育をしていきます。

　同じ環境にかかわっていても、それぞれの子どもの活動への思いや願いは異なります。一人ひとりの子どものなかに育っているものは何であるのか、またどのように活動を展開していきたいと思っているのかということを予想しながら、必要な援助や環境の再構成を考えていくことが必要です。

　とくに「SB型」のカリキュラムの保育実践では、保育者が活動モデルを提示し、子どもの活動を誘導していきます。たとえば、「導入場面」では、子どもに視覚的・身体的なイメージや言葉による情報を提供し、「こんなふうに遊べるよ」という姿を示したうえで、活動の主体をどのように保育者から子どもへ移行し、子どもの興味や関心を引きつけるかを考え立案することが重要です。

　次に「展開場面」では、子どもの自己活動が充実するように時間と空間を保障する必要があります。子どもの活動を見守りつつ、「不思議だな」「こうするとこうなるんだ」といった好奇心や法則性を子ども自身でみつけることができるような直接的な援助（声かけ）も有効です。

　また、子どもがつまずくところをあらかじめ予想し、具体的な対策を立てておくことも大切です。

　とくに、言葉による援助では、「ぞうさんのように大きく」というように、親しみやすい比喩的な表現を使うとイメージしやすく、子どもが理解しやすいです。しかし、子どもが活動に集中しているときには、不要な言葉が

けは避け、子どもの活動を見守るように留意する必要があります。

「まとめの場面」では、発表の場をつくったり、肯定的なメッセージを送ったりするなど、「またやってみたい」という意欲につながるような援助を行い、子どもたちの満足度を高めていきます。

（5）反省・評価と指導計画の改善

保育実践の改善を図るためには、保育の反省や評価という作業を抜きには考えられません。ただ単に、「よかった。あるいは悪かった」「計画どおりに行えた。あるいは行えなかった」というような反省や評価では、指導の改善は望めません。以下に反省・評価の具体的な視点の例を示します。

・指導計画で設定したねらいや内容が子どもの実態に合ったものだったか。
・子どもの発達段階に即していたか。
・環境の構成が適切であったか。
・子どもにとって必要な援助が行われたか。　　　など

このような視点をもって反省や評価を行ったうえで、次の指導計画を立案することが重要です。

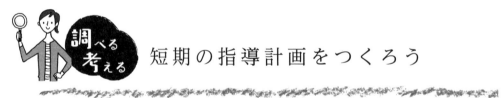

短期の指導計画をつくろう

指導計画作成の手順に従って、198 〜 199 ページに指導計画を書いてみましょう。

参考までに、第2部で体験した素材を教材化した指導計画を載せておきます。学生が実習園で実施したものです。園により保育観や保育方法など若干の差はありますが、その点も参考にしてみてください。

1例目の部分実習の指導計画「おばけコップをつくって遊ぼう」は、「SB型」のカリキュラムに基づいたものです。2例目の1日実習の指導計画は、「CB型」のカリキュラムに基づいたものです。

「部分指導計画」の例

6月12日 金曜	天候	4歳児　○○○組	男16名　女9名　　計25名
指導教諭氏名　　　○○○○先生		実習生氏名	△△△△

主　題	おばけコップをつくって遊ぼう
ねらい	コップの中からおばけが出たり入ったりする様子を見て、形が変化することを楽しむ。
子ども の実態	梅雨の時期の生き物であるカタツムリや、幼稚園でいつも見られるダンゴ虫などにふれ、形が変化することに興味をもち、楽しんでいる。そこで、空気を入れることで形が変化するおばけコップを作成して、遊びへと発展させていきたい。
内　容	●ビニールの袋の中に息を吹き入れてみたり、手で袋をコップの中に押し入れ空気を外に出すことで、空気の存在を知る。 ●友達の作品の良さを感じながら、一緒に遊ぶ。
準備物	●傘用のポリ袋（30cmでカットしておく）　●紙コップ（ストローの通る穴を空けておく） ●曲がるストロー　●セロハンテープ　●油性ペン　●絵本　●白い丸いシール（おばけの目に使えるような大きさ）

時　間	環境構成	予想される子どもの活動	保育者の援助と留意点
10：30		◎絵本（『めがねうさぎのうみぼうずがでる!!』）を聞く ◎おばけコップに出会う ●「おばけさんおばけさん出ておいで」と元気よく言う。 ●何が起こるのかと興味をもってコップを見る。 ●だんだんと大きくなっていくおばけを見て喜ぶ。	●全体の様子を確認してから興味を引きつけるように話を始める。 ●「先生もおうちからおばけを連れてきました。『おばけさん、おばけさん、出ておいで』と呼んでみよう」と声をかける。 ●ゆっくりとコップに空気を入れる。 ●出てきたおばけにふれてみるように提案する。→しぼんだら、すぐに空気を入れて大きくする（何回か繰りかえす）。
10：50		◎おばけコップをつくる ●イスをもって移動する。 ◎自分の好きなように自由におばけを描く	●「みんなもおばけコップをつくってみよう」と提案する。 ●上手に座れている子の机から順番に材料を配ることを伝える。 ●袋・ペン・シールを配る（テーブルごと）。 ●ストローのついているほうを自分のお腹に向けて机の上に置き、おばけの絵を描くように伝える（テーブルごと）。 ●シールで目をつくってもよいことを伝える。 ●コップの穴は、あらかじめ空けておく。

時　間	環境構成	予想される子どもの活動	保育者の援助と留意点
			●時間に余裕がある場合は紙コップに絵を描いていいことを伝える。 ●なかなか絵を描けない子には、好きなものを聞くなどしてヒントを与える。
11：15	テープを巻いて固定しておく	●紙コップの穴に曲がるストローを内側から通したら、ぐらぐらと動かないようにセロハンテープで固定する。 ◎空気を入れてふくらませて遊ぶ。 ●つぶして、またふくらむ楽しさを味わう。 ●友達の作品の良さを感じながら遊ぶ。	●工夫してつくることができた子どもの作品を、まわりの子どもたちにも見せて広めていく。
11：30		◎片づけ ●完成した作品をかばんの中にしまう。	●壊れないよう、そっとしまうように伝える。 ●「おうちでもつくってみてね」と声をかける。

　導入場面では、子どもたちが「おばけさん、おばけさん、出ておいで」と呼ぶこと、実習生がだんだん大きくなっていく様子（活動モデル）を見せることで、子どもたちの興味や関心をうながすように計画されています。このように「先生もおうちからおばけを〜」というような具体的な言葉や、“ゆっくりとコップに空気を入れる”などの留意点を記しておくと、子どもの前で的確な直接的援助が可能となります。

　おばけコップの手順を見ると、4歳児にも無理なくつくれるように、子どもがつくる部分と保育者があらかじめ準備しておく部分のバランスがよいと思います。4歳児の発達段階を考慮した教材になっています。はさみやのりを使用する場合には、把握したクラスの子どもの実態を「子どもの実態」欄に明記しておくとよいでしょう。

　傘用のポリ袋を使用した点は、よかったと思います。長さもいろいろ試して30cmが適切だったのでしょう。また、普通のビニール袋よりペンで絵も描きやすいですね。素材の研究をしっかりしています。しかし、この教材の場合、おばけの部分が子どもの選択場面や試したり比較したりする場面を保障するように思います。太ったおばけや背の高いおばけがいてもよいわけです。いろいろな形のおばけを選択させることで、子どもの自由感や試行錯誤をうながすことができたかもしれませんね。

　さらに、ここでは遊ぶ時間をたっぷり取っています。このように作品づくりよりも、つくって遊ぶことを大切にしたいものです。

「日の指導計画」の例

一日実習指導案

指導教諭　○○○○先生

実 習 生　△△△△

1　日時　　　5月30日（金）

2　学級　　　4歳児　たんぽぽ組（男15人　女15人　計30人）

3　場所　　　たんぽぽ組・にじ組保育室およびテラス

●子どもの実態

　泥遊びや洗濯遊びをとおして、水にとても親しみをもっている子どもたち。なんでも体いっぱいに楽しみたいようである。

　砂遊びで泥んこになり、汚れた洋服を洗濯遊びをとおして洗い、洗濯ばさみを使って干すという流れができつつある。また、洗濯ばさみを用いて動物や乗り物に見立てたり、絵の具を使って遊んだりすることを楽しんでいる。

　保育者の手伝いを、はりきってやろうとする子どもたちが出てきている。

　今日で実習生とお別れするという気持ちをもっている。

●本日のねがい

・興味のある遊びに夢中になる。

・体をいっぱい使って遊ぶ。

・自分の遊びを展開するなかで、友達や保育者と楽しさを共有する。

・自分のしたくは自分でする。

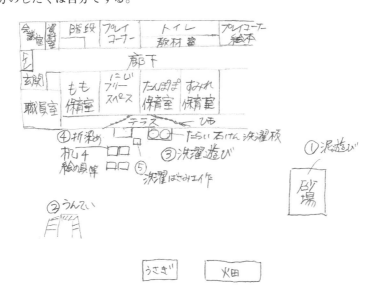

一日実習指導案　晴天時

5月30日 金曜	天候	4歳児　たんぽぽ組	男15名　女15名　計30名

指導教諭氏名　○○○○先生		実習生氏名	△△△△

時間	子どもの活動	ねらい ①	予想される子どもの姿	○保育者の援助　△環境の構成
8:00				△保育室を整える。 ・テラスに出す（タライ、着がえ袋、カメ、洗濯用具）。 ・シール帳の机の整理。 ・日付を変える。　② △テラスを掃除する。 △砂遊びの準備（用具・砂掘り）。 △絵の具をとく。
8:30	登園	○幼稚園を楽しみにして登園する。	○テラスのところまで保護者と一緒に来る。 ○「おはよう」のあいさつをして、下駄箱に行き保育室に入る。 ○テラスに座り込んでいる。	○あいさつをしながら視診をする。 ○「中にどうぞ」と声をかける。
	朝の支度	○進んで自分の支度をしようとする。	○保育者にお話をする。 ・手洗い、うがい。 ・コップ・タオルを出す。 ・シールを貼る。 ・園服をたたむ。 ・かばんをしまう。 ○友達と話したり遊んだりすることを楽しみ、支度の手が止まってしまっている（○○、○○）。 ○支度のできた子から帽子をかぶって外に出る。 ○保育室の後ろに飾ってある折り染めに気づく。	○子どもたちの話を聞く。 ○支度を先にするように声をかける。 ○グループで遅れてしまっているところは、「誰が今日は早いかな？」などと声かけすることで、遊びの一環として支度をするように声をかける。 ○欠席者の確認。 ○「今日はあれをつくるよ。一緒にやってみようよ」と声をかける。
9:00	午前の遊び			
	①泥遊び ○○、○○ ③	○水の流れ方に興味をもつ。 ○泥の感触を体いっぱいに味わう。	○砂場に山をつくったり、穴を掘ったりする。 ○パイプを差し、そこに水を何回も何回も流して、水の流れ方を楽しむ。 ○友達とのイメージの違いや道具の貸し借りでもめる。 ○泥を使って料理をし、いろいろなものに見立てて遊ぶ。 ○お店屋さんごっこを楽しむ。	△タライに水をはる。 ○靴、靴下を脱ぐように声をかける。 ○水の流れや泥の感触を一緒に味わう。 ○けんかが始まっても、かんだり、手や足が出ないかぎり見守る。 ○イメージが広がるような声かけをする。「こんにちは」「お腹が空いたんだけど、何か食べるものはありますか？」など。
	②うんてい	○友達の様子を見て、うんていに挑戦する。	○うんていを2〜3本渡る。 ○うんていの上を渡る。 ○体を支えてほしいと保育者に伝える。	○うんていができたことを一緒に喜ぶ。 ○できない子への援助をする。 ○安全に配慮する。　④
	③洗濯遊び	○泡立てることを楽しみ、泡ができる様子に興味をもつ。	○汚れた服やハンカチを洗う。 ○石けんを使って泡立てる。 ○水をジャブジャブして楽しむ。 ○手でかきまぜて洗濯機に見立て、うずのできる様子を楽しむ。 ○洗濯物を鉄棒やテラスに渡したひもに通す。 ○ひもの位置が高いので、イスを用いて干そうとする。 ○洗濯物からしたたる水でテラスが濡れてしまっていることに気づく→しぼろうとする。	△テラス前の水道にタライ、石けん、洗濯板を設置。 △テラスにひもを渡す。　⑤ △すべるので安全に注意する。座布団は片づけておく。 ○しぼっている子に対しては、「いい考えだね」「乾くといいね」という声かけをし、他児にも広める。

時間	子どもの活動	ねらい	予想される子どもの姿	○保育者の援助　△環境の構成	
	④折り染め	○期待感をもちながら障子紙を広げる。 ○様々な模様や絵の具のにじみ方に興味をもつ。 ○友達の折り染めの模様や色に関心をもつ。	○「何をするの？」と子どもたちが集まってくる。 ○用意されている絵の具に興味を示し、さわろうとする。 ○障子紙を自由に折って絵の具をつけ、広げてみる。 ○できた模様に喜び、保育者に伝えようとする。 ○友達の模様に興味をもつ。 ○絵の具がたれるようなら、新聞紙で少し乾かす。 ○テラス前のひもに洗濯ばさみを使って干す。 ○何枚も試してみる。	△にじ組のテラス前に机を4つ設置。 △絵の具、紙を設置。 ・三原色×3セット。 ・一つのテーブルに一セットのみ置く。 ○保育者がやり方を言いながら子どもたちに見せる。 ○自由に折ってもよいことを伝え、子どもの発想を見守る。 ○障子紙が破れても大丈夫だと伝え、上手に広げられるように手伝う。 ○子どもの折り染めを見せながら、いろいろな模様ができることを伝える。 ○新聞紙のところに持ってくるように声をかける。 ○絵の具がたれなくなったところで、干してみようと声かけをする。 ○絵の具を適宜、補充する。	⑥
	⑤洗濯ばさみ工作	○見立てることを楽しむ。	○洗濯ばさみをつなげて遊ぶ。 ○乗り物や動物に見立てる。 ○友達の作品に興味を示し、自分もつくろうとする。	○やりたいと言う子がいたり、遊びを探している子がいるならば、環境構成を行う。 △にじ組のテラス前に机を置く。 △洗濯ばさみを広げておく。 ○子どもたちと一緒に試行錯誤しながら、一緒に作品をつくる。	⑦
10：40	片づけ	○自分で使った物、場所を片づけようとする。	（砂場） ・用具をタライに運ぶ。 ・きれいに洗い、決まったかごの中に入れる。 ・片づけずに遊んでいる子。 （洗濯ばさみ） ・BOXの中に片づける。	○砂遊びの子には早めに声をかける。 ○具体的な声かけをする。 「一緒に運んでくれるかな？」 「ここ片づけてね」 ○がんばって片づけしている子を認める。	⑧
		○一人で着がえようとする。	○服が濡れている、泥で汚れている。 ○服を着がえる。 ○脱いだ服は自分でしまう。	△足ふきマット、タオルを用意。 ○「あとで洗濯かな？」など、洗濯遊びにつながる声かけをする。	⑨
			片づけが済んだら保育室に入る。 ○お茶を飲む。 ○再び外に出る。	○お茶を飲むように声をかける。 ○「むっくりくまさんをやろうよ」と提案する。	
11：00	むっくりくまさん	○追いかけられることを楽しむ。	○むっくりくまさんを楽しむ。	○場所を決めて、子どもたちを集め、むっくりくまさんを始める。 ○安全な場所、隠れるのに適した距離に配慮する。	⑩
			○くまになるのを嫌がる子がいる。	○無理にくまにすることはしない。ルールを少しずつわかっていくようにする。	
			○つかまってくまになる。	○帽子を裏返すようにする。 ○くまさんは鉄棒に5秒ぶらさがる。	
11：15	保育室に入る 絵本貸し出し	○自分の興味のある本を探す。	○手洗いうがいをする。 ○おつかい袋を取りに行く。 ○みんな席に着く。 ○カードをもらった子どもから絵本を借りに行く。	○おつかい袋をもって席に着くように声かけをする。 ○名前を呼んでカードを渡す。	

時間	子どもの活動	ねらい	予想される子どもの姿	○保育者の援助　△環境の構成
11：45	弁当の支度	○弁当を楽しみにして、支度を進めようとする。	○戻ってきたら、弁当の支度をする。 ○トイレに行く。 ○手洗い・うがいをする。 ○消毒をする。 ○弁当箱を出す。 ○コップを取りに行く。	○□□ちゃん、××君には早めに声をかける。 △消毒液を前に置く。 △台ふきの準備をする。
	手遊び	○支度の終わった子から手遊びを楽しむ。	○明るく楽しい雰囲気で手遊びをし、全員の支度が終わるのを待つ。	
12：10	「いただきます」	○友達と楽しく食べる。 ○前を向いて食べる。	○「いただきます」と言う。 ○友達と楽しく食べる。 ○食べ終わったら歯みがきをして片づける。 ○水道のところで遊ぶ。 ○早く食べ終わった子は積み木、粘土、パズル、洗濯ばさみで遊ぶ。 ○弁当に時間がかかる。 ○嫌いなものが入っていて食べられない。	○おへそが前を向くように声かけをする。 ○食べ終わった子には、片づけをして保育室で遊ぶように声をかける。 ○終わりにするように声かけをする。 △洗濯ばさみ工作の場所を設ける（保育室中央）。 ○食べているようなら見守る。 ○ふざけているようなら、食べるように声かけをする。 ○「半分食べてみよう」と声をかける。 ⑪
12：40	「ごちそうさまでした」		○「ごちそうさまでした」と言う。	
	午後の遊び ①泥遊び ②洗濯遊び ③折り染め	○自分のやりたい遊びに夢中になる。 ○新しい遊びに興味を示す。	○帽子をかぶって外に出る。 ○午前中の遊びの続きを楽しむ。 ○午前中の遊びで汚れた服を洗おうとする。 ○汚れを落とすことを楽しむ。 ○泡や水で遊びはじめる。 ○友達の折り染めに興味を示し、やってみようとする。	○「洗濯屋さん、がんばって！」というような声かけをする。 ○泡をつくる楽しさや泡の感触を一緒に味わう。 ○折り染めをやっていない子には声をかけてみる。 ○午前中に乾いたものは、数枚を残し取りこむ。 ⑫
13：00	片づけ	○自分で使った物を片づけることができる。	○自分で使っていた物、場所を片づける。 ○遊びに夢中になっている。⑬ ○濡れている服から着がえる。 ○片づけが終わったら保育室に入る。	○「お別れ会をするから、がんばって片づけて」という声かけをする。 △足ふきマットを用意する。
	帰りの支度	○自分の荷物を自分でまとめることができる。	○タオル、コップをしまう。 ○上ばき、座布団カバーをしまう。 ○園服を着る。 ○帽子をかぶる。	○荷物が多いので忘れ物がないよう声をかけ、援助をする。 ○ボタンをはめているか、声をかける。
	歌 「ことりのうた」 「ありさんのおはなし」	○ことりが逃げないように優しい声で歌う。	○「ことりのうた」と「ありさんのおはなし」を歌う。 ○歌詞がまだはっきりとわからない。	○ピアノで伴奏しながら歌詞がはっきりわかるように、一緒に歌う。

２週間と短期間の実習でしたが、一人ひとりの子どもの興味や関心、思いを読みとりながら、子どもを主体とした援助をしようとしている実習生の姿を読みとることができます。まだまだ不十分な点もありますが、この指導案について解説を加えたいと思います。

①この実習生は、あえて「ねらい」の項目を設定しています。それぞれの環境に込めた保育者の思いを明確にするために設定したものと思われます。明確な「ねらい」をもつことで、環境の構成や保育者の直接的な援助も意図的に行うことができます。項目を設けないまでも、環境構成の意図を念頭に置きながら保育をすることが大切です。

②登園前の準備もこのように記しておくとよいですね。

③実際の指導案はすべての活動に子どもの名前が書かれていましたが、本書では省略してあります。予想される子どもの姿や保育者の援助が具体的に記されています。

④「安全に配慮する」と書かれていますが、どのような場面でどのような配慮をするのかを想定しておくと、さらによいと思います。

⑤このように、子どもの遊びに合わせて、環境を構成していくことが大切です。環境を再構成していく保育者の姿を子どもも見ており、モデルとして取り入れていくことができるようになります。

⑥この日の主な活動です。保育者が活動モデルを示し、子どもの興味や関心を喚起します。その後は、子どもの主体性を重視した活動をしていけるように計画されています。

⑦最初から環境を構成しておくのではなく、子どもの要求に応じて環境の構成をしていくように考えられています。

⑧片づけに時間のかかる砂場遊びの子から声をかけるように計画されています。また、片づけずに遊んでいる子の名前も具体的に記されていました。具体的な動きや声かけが書かれている点がよいと思います。

⑨午後の遊びにつながるような声かけです。

⑩クラス全員での活動が計画されています。

⑪早く食べ終わった子への対応も考えられています。このように保育者が具体的に考えておくと、子どもも動きやすいです。

⑫午前中から午後へ遊びのストーリー性が保障されています。

⑬きちんと身支度を整えて、降園したいものです。このように必要な援助を具体的に記しておくとよいですね。

> **Point**
>
> 　①のねらいは、「水の流れに興味をもつ。」→「水の流れに興味をもつ姿が見られたか。」に、「追いかけられることを楽しむ。」→「追いかけられることを楽しんでいたか。」というように書き方を変えることで、「評価の観点」として活用することもできます。

第3章 環境の構成

 ## 保育環境の要素

　一般に保育環境とは、園具・教具などの物的環境、子どもや保育者などの人的環境、子どもが接する自然や社会の事象、人やものが相互に関連しあって醸し出す雰囲気、時間、空間などのことです。

　つまり保育環境とは、園具・教具だけではなく、太陽、月、星、水、大気、光、気候、季節などの自然環境や社会での出来事も指します。

　また、子ども、保育者、友達、親や兄弟、近所の人々や、それらが形成する人間関係・集団、そのなかにおける社会的な時間、それらがつくり出す雰囲気や意識、価値観などを含めた人的環境や時間・空間も環境。さらには、様々な環境の要因がからみ合いながらつくられる状況も、重要な環境です。

　保育環境とは、一人ひとりの子どもが興味や関心をもってかかわろうとする環境であり、保育者は子どもの育ちがうながされるような環境を構成していくことが大切なのです。

 ## 遊びや生活の環境を構成するとは

　環境はつねに子どもたちに語りかけています。第1部でもアフォーダンス（39ページ）という考え方について書きましたが、それぞれの環境に可能性があります。保育者が意図をもって環境を構成することで、環境が子どもの気持ちや動きを誘うのです。

　たとえば、絵本のコーナーを想像してみてください。

　絵本が収められている本棚だけがある空間。もう一方は本棚の近くにカーペットが敷いてあったり、ソファーやクッションがあったりする空間。あなたはどちらで絵本を手に取ってみたいと思いますか。

ほとんどの方が後者と答えるでしょう。後者の空間は、あなたに「どうぞここで絵本を読んでください」というメッセージを語りかけているのです。カーペットやソファー、クッションがその雰囲気を醸し出しているのですね。

　環境を構成するとは、単に子どもに体験や経験をしてほしい物や事を準備するのではなく、子どもが主体的にかかわりたくなるような環境をつくり出していくことなのです。つまり、子どもが引き込まれるような魅力的な空間を創造することが重要なわけです。

　では、魅力的な空間とはどのような空間でしょうか。

　まず、快適さと安心感をもたらしてくれる空間です。子どもサイズの心地よい家具や、魅力的な積み木や絵本などの素材、そして子どもを誘い込む演出が大切です。柔らかな照明や美しい色や形は子どもだけでなく、大人にとっても心地よい空間となるでしょう。

　さらに、小学校以降の学校教育では「教科書」があります。就学前教育では、環境のなかに子どもの発達に必要な要素を組み込んでいきます。ですから、その環境は、

①その場にいる子どもの年齢や発達段階、興味や関心に合っているか。

②社会や文化にふさわしい、また、安全や健康に配慮されているものになっているか。

③身体的、社会的、情緒的、知的な面で子どもの好奇心を刺激する要素を含んでいるか。

④人とのかかわりをうながすような場や雰囲気をつくっているか。

　……などを保育者が問いかけながら、環境の構成をしていくことが大切なのです。

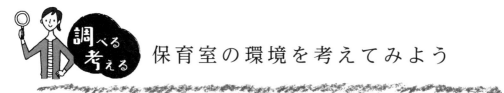

保育室の環境を考えてみよう

保育室の構造は仕切られた型やオープン型があり、園によって差があります。それぞれのメリットやデメリットがありますが、ここでは仕切られた型の保育室の環境を構成してみましょう。

子どもの発達段階や季節によって環境の構成は違います。年齢や時期を自分で設定し、みなさんにとっての理想の保育室を考えてみましょう。206 ページから学生の作成した保育室の環境を掲載しますので、参考にしてください。

1　おおまかなレイアウトを考えましょう。

・絵本のコーナー、製作のコーナー、ごっこ遊びのコーナーなどエリアを区切ります。

・静的活動と動的活動の場、友達と一緒にいられる場と一人で過ごせる場を考えます。

・子どもの動線を考慮します。

2　コーナーには具体的に何を準備しますか。

たとえば、絵本のコーナーであれば、どのような種類の絵本を置くのか、具体的に書名をあげてもいいですね。年齢や季節、子どもの興味や関心、園の行事、保育者の意図などを考慮しながら考えていくとよいでしょう。

本棚もいろいろありますね。とくに低年齢児の場合には、平置きにするか、表紙が見えるような本棚が適しています。

また、誘い込む演出はあなたならどうしますか。カーペットを敷きますか。座りやすいイスやクッションを置きますか。

このように準備するものを考えて、インターネットやカタログで調べてみましょう。

棚を選んだり、使ったりするときのポイントはこれ！

・安全で質が良く、頑丈なものを。

・個人の持ち物は一人用の収納場所を準備する。

・入れ場所がわかるようなラベルを貼る。

・子どもの使う保育材は低い位置で扉のない棚に、子どもに使わせたくないものは手が届かないところや見えないところへ収納する。

各コーナーのヒント

 絵本 保育者が破れたページを直したり、鉛筆の汚れを消したりすれば、子どもにとって本の扱い方のモデルとなります。

◆3歳児未満
年齢にふさわしい本を保育室の様々な場所に、かごなどに入れて用意するのがよいでしょう。

◆3歳児
子どもの生活や遊びに即したもの、擬音語や擬態語が使われリズムが楽しいもの、同じパターンの繰りかえしがあるものを中心に、子どもの興味や関心に合わせて乗り物や動物などの絵本も準備します。

◆4歳児
多様な活動が予想されるので、月刊誌、物語もの、科学もの、図鑑類は、向上心を助けることとなります。言葉への関心も高まる時期なので、なぞなぞの本や言葉遊びの本などもよいでしょう。

◆5歳児
子どもが様々な知識を集めたり、まとめようとする意欲を起こしたりする時期なので、知識欲を満足させることができるような質の高い図鑑や本を準備します。

 製作 筆、絵の具、マーカー、クレヨン、はさみなど、基本的な道具は質の良いものを選びましょう。

◆3歳児未満
安全への配慮が必要です。その都度、必要な素材を保育者が用意して一緒に遊ぶとよいです。また、たとえば粘土であれば、小麦粉粘土や蜜蝋（みつろう）粘土など口に入れても安全な素材を選びましょう。

◆3歳児
幼稚園の新入園児の場合、真新しいクレヨンや自由画帳に緊張してしまいます。そこで、使いかけのクレヨンを集めて大きな箱に入れておいたり、画用紙だけでなくコピー用紙や古いカレンダーなども一緒に置いておいたりすると、抵抗感なく自由に絵を描くことができます。

◆4歳児
空き箱など廃材を集めて保育室に用意しておくと、製作の意欲をそそります。粘土や画用紙などの素材、テープやはさみ、のりなどの道具や用品類は共同で使えるように整理しておくと、管理がしやすいです。

◆5歳児
十分に手ごたえのある活動ができるよう、大きな段ボール箱、木材などの素材を用意しておくといいでしょう。また、段ボールカッターやカナヅチやノコギリなどは、大きさは子ども用で切れ味は良いものを用意したいものです。

ままごと 子どもサイズのレンジやシンク、テーブルと椅子、ドレスなどを準備します。

◆3歳児未満
小さなままごとセット、フェルトなどでつくられた柔らかく安全な野菜や食べ物を準備するとよいでしょう。口に入れる場合もあるので、つねに清潔を保ちたいものです。

◆3歳児
様々な食物の模型が教材として市販されていますが、あまり細かく整えすぎると見立てが起こりにくいので注意しましょう。木の実などの自然物を使ってもいいです。

◆4歳児
空き箱などを家具・道具に見立てて製作ができるように準備すると、ごっこ遊びが総合的な活動になります。

◆5歳児
布一枚で、そのままテーブルクロスや敷物・布団に使えるようになります。また、フェルトや紙粘土などで食べ物をつくって、ままごとコーナーに活用することも可能です。

園庭

テラス

廊下

歳児　　　月頃

手洗い場

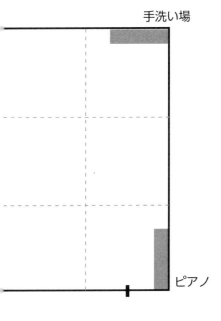

ピアノ

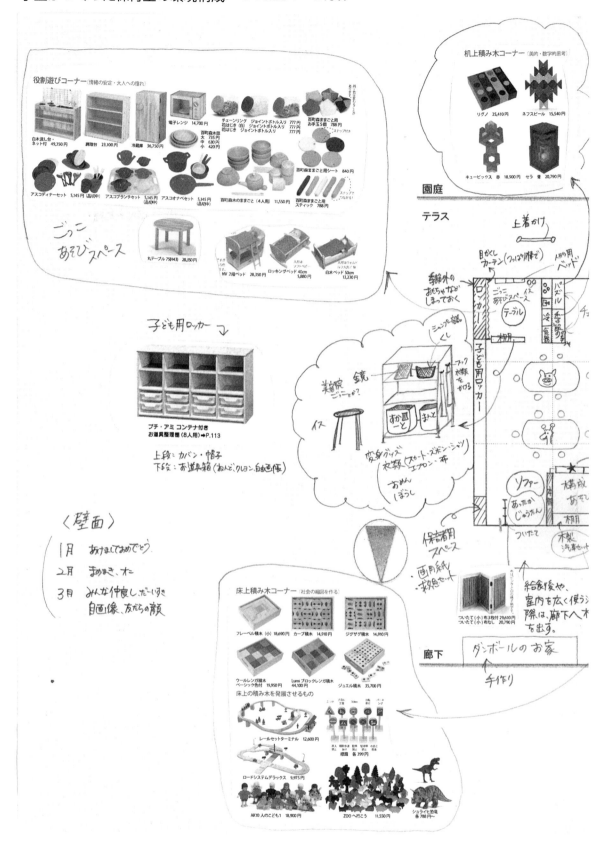

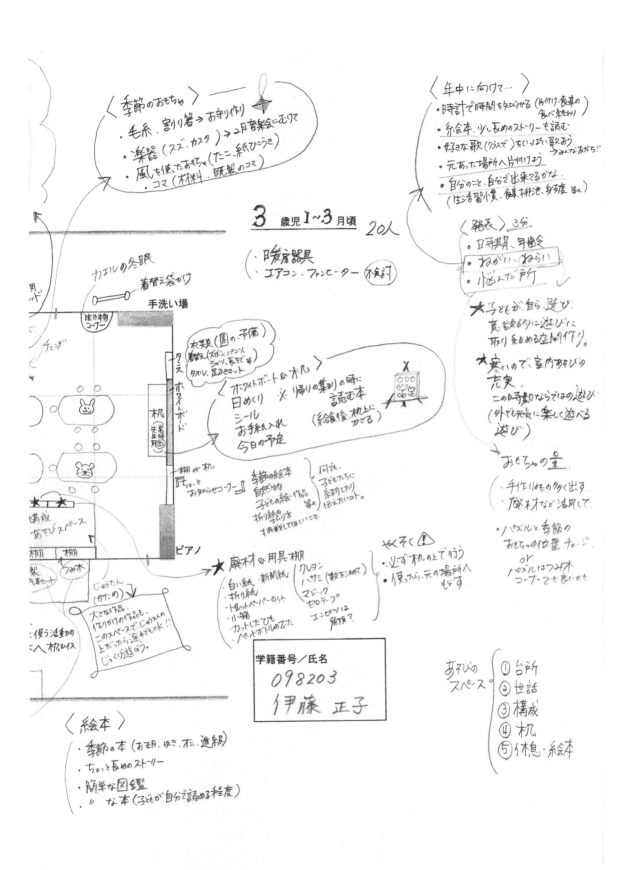

〈季節のおもちゃ〉
・毛糸、割り箸 → お守り作り
・楽器（スズ、カスタ）→ 2月音楽会にむけて
・風を使ったおもちゃ（たこ、紙ひこうき）
　・コマ（材料、既製のコマ）

〈年中に向けて…〉
・時計で時間を知らせる（片付け、食事の食べ終わり）
・絵本、少し長めのストーリーも読む
・好きな歌（クラスで）をいっぱい歌おう →みんな友だち!!
・元あった場所へ片付けよう
・自分のこと、自分で出来てるかな。（生活習慣、食事、排泄、身支度 等）

3 歳児 1～3月頃　20人

・暖房器具
・エアコン、ファンヒーター　（検討）

〈発表〉3分
・時期、年齢
・ねがい、ねらい
・悩んだ所

★子どもが、自ら選び、夢中になるように遊びに取り組める空間作り。
★寒いので、室内あそびの充実。この時期ならではの遊び（外でも元気に楽しく遊べる遊び）

カエルの冬眠
着替え袋がけ
手洗い場
生き物コーナー

衣類（園の予備）着替え（ズボン、パンツ、シャツ、長そで 等）タオル、足ふきマット

〈ホワイトボード & 机〉帰りの集まりの時に読む本（給食後、机上にかざる）
日めくり
シール
お手紙入れ
今日の予定

机（先生時計）

棚や机 ちょっとお知らせコーナー
季節の絵本
自然物
子どもの絵・作品 等
折り紙の折り方
何で、子どもたちに紹介したり伝えたいこと。
※紛失してほしくないもの

★廃材の用具棚
・白紙・新聞紙
・折り紙
・トイレットペーパーのしん
・小箱
・カットしたひも
・ペットボトルのふた
クレヨン
ハサミ（数を決めて）
マジック
セロテープ
エンピツは危険？

やくそく ⚠
・必ず机の上で行う
・使ったら、元の場所へもどす

→おもちゃの量
・手作りのものを多く出す
・廃材など活用して。
・パズルと季節のおもちゃの位置、チェンジ or パズルはつみ木コーナーでも良いかも

あそびのスペース
①台所
②世話
③構成
④机
⑤休息・絵本

〈絵本〉
・季節の本（お正月、ゆき、冬、進級）
・ちょっと長めのストーリー
・簡単な図鑑
・〃な本（子どもが自分で読める程度）

構成あそびスペース
棚　棚
製
〇気車セット　つみ木
じゅうたん（かため）
大きな作品、作りかけの作品も、このスペースでじゅうたんの上だったら誰でもOK!!

〇〇使う活動の〇へ　机やイス

学籍番号／氏名
098203
伊藤 正子

ピアノ

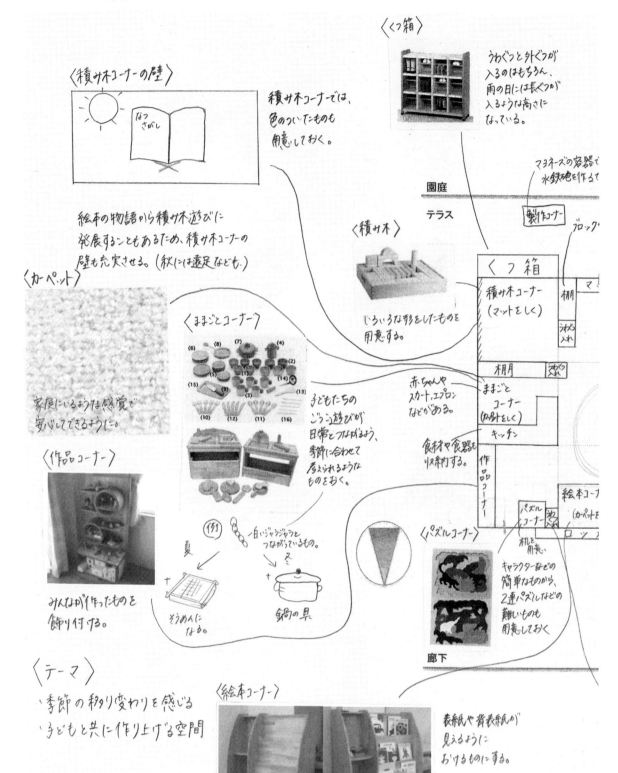

〈積サ木コーナーの壁〉

積サ木コーナーでは、色のついたものも用意しておく。

〈くつ箱〉

うわぐつと外ぐつが入るのはもちろん、雨の日には長ぐつが入るような高さになっている。

絵本の物語から積サ木遊びに発展することもあるため、積サ木コーナーの壁も充実させる。(秋には遠足なども。)

園庭

テラス

マヨネーズの容器で水鉄砲を作って

製作コーナー

ブロック

〈積サ木〉

いろいろな形をしたものを用意する。

くつ箱

積サ木コーナー (マットをしく)

棚

〈カーペット〉

家庭にいるような感覚で安心してできるように。

〈ままごとコーナー〉

(6) (8) (7) (4)
(5) (2)
(15) (1) (14)
(9) (13)
(10) (12) (11) (16)

子どもたちのごっこ遊びが日常とつながるよう、季節に合わせて考えられるようなものをおく。

赤ちゃんやスカート、エプロンなどがある。

ままごとコーナー (内外をしく)

キッチン

食材や食器を収納する。

〈作品コーナー〉

みんなが作ったものを飾り付ける。

(例)

夏 →

白いジャンジャンとつながっているもの。

冬 →

そうめんになる。

鍋の具

作品コーナー

絵本コーナー (カーペットと

パズルコーナー

ロッカ

〈パズルコーナー〉

机を用意

キャラクターなどの簡単なものから、2連パズルなどの難しいものも用意しておく

廊下

〈テーマ〉

・季節の移り変わりを感じる
・子どもと共に作り上げる空間

〈絵本コーナー〉

表紙や背表紙が見えるようにおけるものにする。

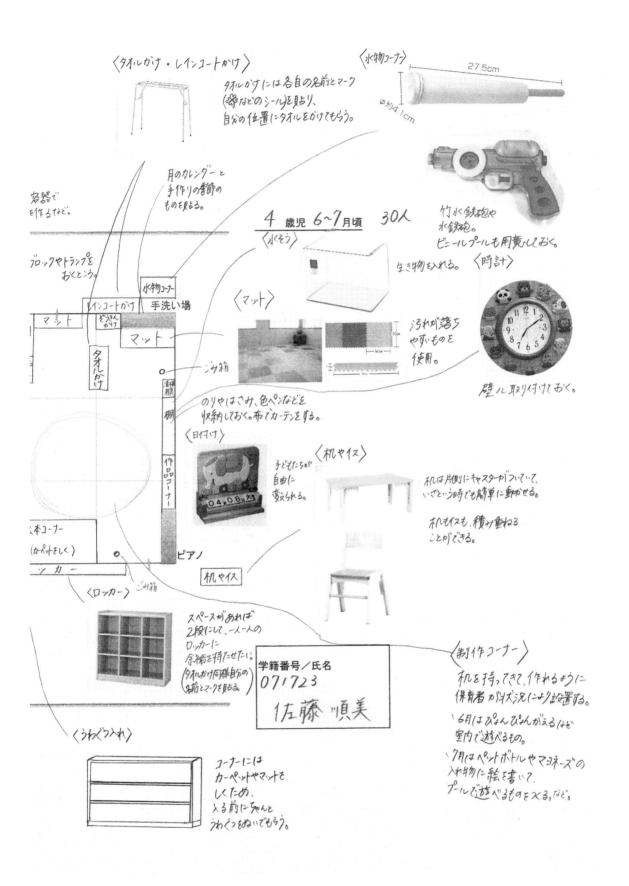

〈タオルがけ・レインコートかけ〉

タオルがけには各自の名前とマーク（✿などのシール）を貼り、自分の位置にタオルをかけてもらう。

〈水物コーナー〉 27.5cm　∅約4.1cm

容器で工作するなど。

月のカレンダーと手作りの季節のものを貼る。

竹水鉄砲や水鉄砲。ビニールプールも用意しておく。

ブロックやトランプをおくところ。

4 歳児 6～7月頃　30人

〈水そう〉　生き物を入れる。

〈時計〉　壁に取り付けておく。

水物コーナー
レインコートかけ　手洗い場
ぞうきんかけ
マット
マット
タオルかけ

〈マット〉　汚れが落ちやすいものと使用。　90cm

ゴミ箱
掃除棚
のりやはさみ、色ペンなどを収納しておく。布でカーテンをする。
作品コーナー

〈日付け〉　子どもたちが自由に変えられる。　04.08火

〈机やイス〉　机は片側にキャスターがついていて、いざという時でも簡単に動かせる。
机もイスも、積み重ねることができる。

絵本コーナー（カーペットをしく）
ロッカー
ピアノ
机やイス

〈ロッカー〉　スペースがあれば2段にして、一人一人のロッカーに余裕を持たせたい。タオルかけ同様自分の名前とマークを貼る。

ゴミ箱

学籍番号／氏名
071723
佐藤 順美

〈制作コーナー〉　机を持ってきて、作れるように保育者が状況により設置する。
・6月はぴょんぴょんがえるなど室内で遊べるもの。
・7月はペットボトルやマヨネーズの入れ物に絵を書いて、プールで遊べるものを入る、など。

〈うわぐつ入れ〉　コーナーにはカーペットやマットをしくため、入る前にちゃんとうわぐつをぬいでもらう。

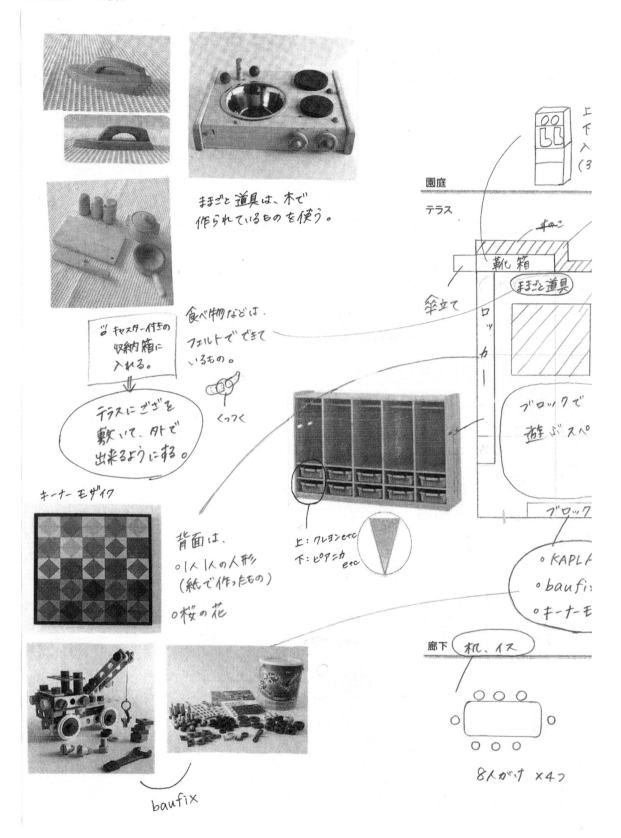

まごと道具は、木で
作られているものを使う。

食べ物などは、
フェルトでできて
いるもの。

くっつく

キャスター付きの
収納箱に
入れる。

テラスにござを
敷いて、外で
出来るようにする。

キーナー モザイク

背面は、
○1人1人の人形
（紙で作ったもの）
○桜の花

上：クレヨンetc
下：ピアニカetc

baufix

園庭

テラス

靴箱

ままごと道具

傘立て

ロッカー

ブロックで
遊ぶスペ

ブロック

○KAPLA
○baufi
○キーナーモ

廊下　机、イス

8人がけ ×4つ

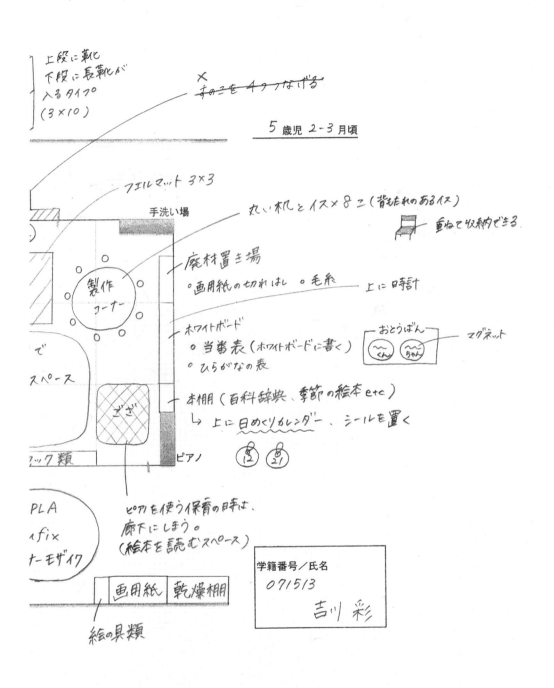

上段に靴
下段に長靴が
入るタイプ。
(3×10)

× ~~すのこを4つつなげる~~

5歳児 2-3月頃

フエルマット 3×3

手洗い場

丸い机とイス×8コ（背もたれのあるイス）

重ねて収納できる

廃材置き場
・画用紙の切れはし ・毛糸 — 上に時計

製作コーナー

ホワイトボード
○当番表（ホワイトボードに書く）
○ひらがなの表

おとうばん
くん ちゃん — マグネット

本棚（百科辞典、季節の絵本etc）
↳ 上に日めくりカレンダー、シールを置く
12 21

で
スペース

ござ

ック類

ピアノ

PLA
fix
ーモザイク

ピアノを使う保育の時は、
廊下にしまう。
（絵本を読むスペース）

画用紙　乾燥棚

絵の具類

学籍番号／氏名
071513
吉川 彩

第4章　環境構成と遊びの展開

　保育者になって3年目のS先生の実践を学生がレポートしてくれましたので、紹介します。

　S先生は、4歳児と5歳児クラスがある2年保育の幼稚園に勤務されています。訪問させていただいた10月25日は、あいにくの雨。S先生が担任している4歳児クラスを中心に紹介します。

　10月初旬に運動会を経験した子どもたち。男児4名、女児9名、計13名のクラスです。女児はカラーポリ袋やスズランテープを使い、自分好みの衣装をつくって楽しんでいる子が多い。男児はダンボールに画用紙やドングリを飾って自分の電車をつくったり、走らせたりして楽しんでいることが多いとのこと。

　踊りが好きな子が多く、女児を中心に友達と誘い合ったり、ボンボンを準備したりしているが、踊りが苦手な男児も音楽係やパラバルーン係になって「音楽流すよ」「上手だよ」とメガホンを使って声をかけるなど、遊びに参加するようになってきたそうです。友達とのかかわりが多くなり、自分の言葉で伝えられる子が多いのですが、口調が強くなってしまったり、都合が悪いことは聞こえないふりをしたりすることが課題と、S先生は語っていました。

　この日の指導案を見ると、

ねらい　・自分の思いを伝えながら友達と一緒に楽しむ

　　　　・つくったもので遊ぶ楽しさを味わう。

内容　　・遊びのなかで自分の思いを友達に伝える。

　　　　・電車ごっこで友達とかかわりながら遊ぶ。

　　　　・自分でつくった衣装、電車などで遊ぶ。

と書かれており、4歳児にしてはちょっと難しいねらいと内容かもしれないと思いました。また、個別に配慮が必要な子どもも複数いるため、どのような保育が展開されるのかと思っていました。

園舎全体の環境

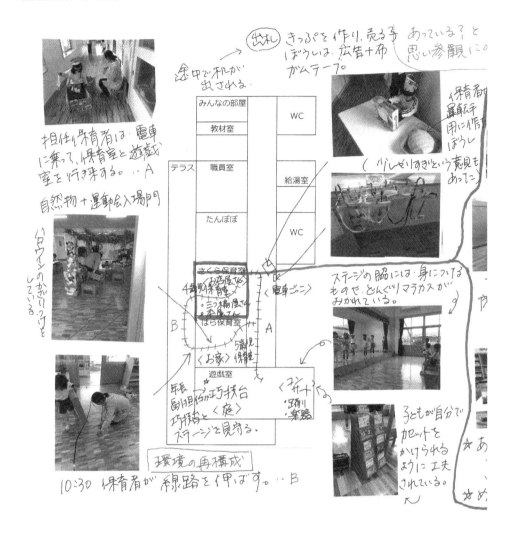

きっぷを作り、売る子
ぼうしは、広告＋布
ガムテープ。

あっている？と
思い参観に。

出礼
途中で机が
出される。

担任保育者は、電車
に乗って、保育室と遊戯
室を行き来する。…A

自然物＋運動会入場門

ハロウィンのかざりつけを
している。

保育者
運転手
用に作
ぼうし

少しやりすぎという意見も
あった。

ステージの脇には・身につける
もの・どんぐりマラカスが
みかれている。

年長
副担任が巧技台
巧技台〈庭〉
ステージを見守る。

子どもが自分で
カセットを
かけられる
ように工夫
されている。

環境の再構成

10:30 保育者が 線路を伸ばす。…B

みんなの部屋	WC
教材室	
職員室	給湯室
たんぽぽ	WC
さくら保育室	
ばら保育室	
遊戯室	

9時30分に参観を開始したときには、線路はAだけでした。S先生は、お店やさんがある4歳児クラス（さくら保育室）とコンサートが行なわれている遊戯室を電車に乗って移動していました。そして10時30分頃、S先生は5歳児クラス（ばら保育室）→テラス→4歳児クラスに線路を伸ばし、回遊性をうながす環境の構成をしました。すると、5歳児クラスの先生や子どもも電車に乗って4歳児クラスのお店やさんに来るなど、4歳児と5歳児のかかわりも活発になされました。

４歳児クラスの環境

☆どんぐり

分類・比較

折り紙
折り方の掲示

背に 9:30〜
　　　11:30
こと
見にのぞんだが…

晴着か
転平
こ作
うし
現も
こ

・はさみ
・セロテープ
・布・ガムテープ
・廃材・折り紙
・画用紙
・どんぐり など

出席シール
こよみ・
おたよりばさみ

＠製作に必要なもの

すずらんテープ〔ビニ〕
床に出してあった。

☆秋の
自然

自由感

○水道
＠文字への
関心

ラベル

まごと
にんじん

はさみがいつでも
使える

季節の絵本

思考力　工夫
する

見立てて
つくる

微細
運動

☆あきをみつけたよ…
・すすき・落ち葉
・くり など
☆めだか

布が
テープも
切ることが
できる

つくったものを
置く場やケ

掲示物

遊びの継続性

✎ 季節感あふれる保育室には、子どもたちが好きなときに、好きなもの・好きな道具を使って製作ができるようになっていました。一人一人が思考力を発揮でき、遊びの連続性も保証されている環境だったと思います。

個々の子どもの遊び

10:30 R児、S児 2人で
「え」を書こうとする。2回失敗。次に見たときには、駅の看板ができていた。「えほんやさん えき」保育室や地図も正確に描かれている。

「どんぐりえき」
自由に馬々がつくれるように看板のダンボールがたくさん用意されていた。

電車ゴッコに至るまで

電車から降りて、絵本屋さんに数人の子どもが来る。R児が作ったバーコードリーダー（コンセント付き）を使用し、レジの店員さんになりきるR児。バーコードがどこにあるかをさがすしぐさも本当の店員さんのようだった。

11:00 片づけの時も、バーコードを読ませて本にしたりもする。

遊ぶ

保育者「つぶせる子があるよ」伝える 10分

三つ編を作り続けるN児。品物がそろい開店へ。

N児 すずらんテープをたばねて切る。「いろんな色きれいでしょ」「にじいろだよ」 □児「何本あるか見せて」数える。「ひとつ、足りない。何色かわかる？」

11:05 三つ編屋さん開店
保育者が電車に乗って買いにくる。

大がかりに遊んでいたようでしたが、片づけは10分程度ですべて終了。遊戯室など巧技台やステージで使っていた衣装や楽器（ドングリでつくったマラカスなど）はみんなで協力して、教材置き場として使用されている「たんぽぽ」へ運んでいました。また、保育室や廊下でつくったり遊んだりしていたものは、次の日につながるように整理して所定の場所へ片づけていました。

S先生が「まだあるね」とつぶやくと、近くにいた子が大きな声で「まだあるよ」と他児に伝えている様子が非常に印象的でした。

満足して遊んだあとは、片づけもきちんとできるのだと思いました。給食も遊びの時間と同じように穏やかな時間が流れていました。

この日に至るまでの遊びの流れ

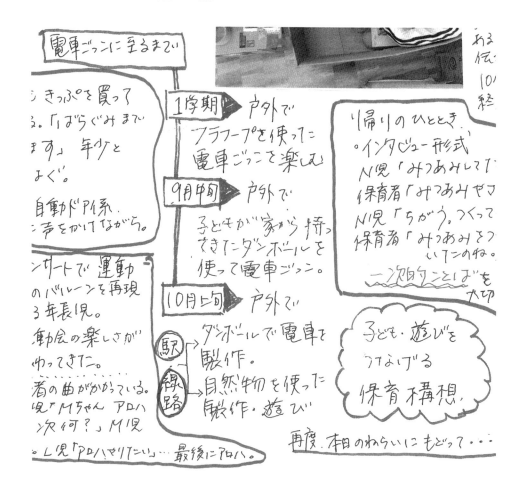

電車ごっこに至るまで

きっぷを買って
る。「ばらぐみまで
ます」年少と
よく。

自動ドア係
声をかけながら。

サートで運動
のバルーンを再現
る年長児。
動会の楽しさが
ゆってきた。
者の曲がかかっている。
児「Mちゃんアロハ
次何?」M児
・L児「アロハやりたい」…最後にアロハ。

1学期 ➤ 戸外で
フラフープを使った
電車ごっこを楽しむ

9月中旬 ➤ 戸外で
子どもが家から持っ
てきたダンボールを
使って電車ごっこ。

10月上旬 ➤ 戸外で
ダンボールで電車を
製作。

駅→
線路→

・自然物を使った
製作・遊び

ある伝
10
経

帰りのひととき
・インタビュー形式
N児「みつあみしてる」
保育者「みつあみやん」
N児「ちがう。つくって」
保育者「みつあみをつ
くってるのね。」
一次的ことばを
大切

子ども・遊びを
つなげる
保育構想

再度、本日のねらいにもどって…

✏️　突然、遊びが展開されたわけでなく、子どもたちの興味や関心、環境とのかかわりを考
慮して保育構想をしていることがわかりました。また、「人とのかかわりのなかで主体的に
遊びを楽しむために」というテーマのもと、園内研修を進められているということでした。
参観させていただいた日も、遊びと遊びをつなげる環境構成がなされていました。人との
かかわりのなかで、子ども一人一人の主体性を重視している先生方の願いが環境に込めら
れていたと思います。

第1章　総　　則

第1　幼稚園教育の基本

　幼児期の教育は、生涯にわたる人格形成の基礎を培う重要なものであり、幼稚園教育は、学校教育法に規定する目的及び目標を達成するため、幼児期の特性を踏まえ、環境を通して行うものであることを基本とする。

　このため教師は、幼児との信頼関係を十分に築き、幼児が身近な環境に主体的に関わり、環境との関わり方や意味に気付き、これらを取り込もうとして、試行錯誤したり、考えたりするようになる幼児期の教育における見方・考え方を生かし、幼児と共によりよい教育環境を創造するように努めるものとする。これらを踏まえ、次に示す事項を重視して教育を行わなければならない。

1　幼児は安定した情緒の下で自己を十分に発揮することにより発達に必要な体験を得ていくものであることを考慮して、幼児の主体的な活動を促し、幼児期にふさわしい生活が展開されるようにすること。

2　幼児の自発的な活動としての遊びは、心身の調和のとれた発達の基礎を培う重要な学習であることを考慮して、遊びを通しての指導を中心として第2章に示すねらいが総合的に達成されるようにすること。

3　幼児の発達は、心身の諸側面が相互に関連し合い、多様な経過をたどって成し遂げられていくものであること、また、幼児の生活経験がそれぞれ異なることなどを考慮して、幼児一人一人の特性に応じ、発達の課題に即した指導を行うようにすること。

　その際、教師は、幼児の主体的な活動が確保されるよう幼児一人一人の行動の理解と予想に基づき、計画的に環境を構成しなければならない。この場合において、教師は、幼児と人やものとの関わりが重要であることを踏まえ、教材を工夫し、物的・空間的環境を構成しなければならない。また、幼児一人一人の活動の場面に応じて、様々な役割を果たし、その活動を豊かにしなければならない。

第2〜第7（省略）

第2章　ねらい及び内容

　この章に示すねらいは、幼稚園教育において育みたい資質・能力を幼児の生活する姿から捉えたものであり、内容は、ねらいを達成するために指導する事項である。各領域は、これらを幼児の発達の側面から、心身の健康に関する領域「健康」、人との関わりに関する領域「人間関係」、身近な環境との関わりに関する領域「環境」、言葉の獲得に関する領域「言葉」及び感性と表現に関する領域「表現」としてまとめ、示したものである。内容の取扱いは、幼児の発達を踏まえた指導を行うに当たって留意すべき事項である。

　各領域に示すねらいは、幼稚園における生活の全体を通じ、幼児が様々な体験を積み重ねる中で相互に関連をもちながら次第に達成に向かうものであること、内容は、幼児が環境に関わって展開する具体的な活動を通して総合的に指導されるものであることに留意しなければならない。

　また、「幼児期の終わりまでに育ってほしい姿」が、ねらい及び内容に基づく活動全体を通して資質・能力が育まれている幼児の幼稚園修了時の具体的な姿であることを踏まえ、指導を行う際に考慮するものとする。

　なお、特に必要な場合には、各領域に示すねらいの趣旨に基づいて適切な、具体的な内容を工夫し、それを加えても差し支えないが、その場合には、それが第1章の第1に示す幼稚園教育の基本を逸脱しないよう慎重に配慮する必要がある。

健康（省略）
人間関係（省略）

環　境
周囲の様々な環境に好奇心や探究心をもって関わり、それらを生活に取り入れていこうとする力を養う。

1　ねらい
（1）身近な環境に親しみ、自然と触れ合う中で様々な事象に興味や関心をもつ。

（2）身近な環境に自分から関わり、発見を楽しんだり、考えたりし、それを生活に取り入れようとする。

（3）身近な事象を見たり、考えたり、扱ったりする中で、物の性質や数量、文字などに対する感覚を豊かにする。

2　内容
（1）自然に触れて生活し、その大きさ、美しさ、不思議さなどに気付く。

（2）生活の中で、様々な物に触れ、その性質や仕組みに興味や関心をもつ。

（3）季節により自然や人間の生活に変化のあることに気付く。

（4）自然などの身近な事象に関心をもち、取り入れて遊ぶ。

（5）身近な動植物に親しみをもって接し、生命の尊さに気付き、いたわったり、大切にしたりする。

（6）日常生活の中で、我が国や地域社会における様々な文化や伝統に親しむ。

（7）身近な物を大切にする。

（8）身近な物や遊具に興味をもって関わり、自分なりに比べたり、関連付けたりしながら考えたり、試したりして工夫して遊ぶ。

（9）日常生活の中で数量や図形などに関心をもつ。

（10）日常生活の中で簡単な標識や文字などに関心をもつ。

（11）生活に関係の深い情報や施設などに興味や関心をもつ。

（12）幼稚園内外の行事において国旗に親しむ。

3　内容の取扱い
上記の取扱いに当たっては、次の事項に留意する必要がある。

（1）幼児が、遊びの中で周囲の環境と関わり、次第に周囲の世界に好奇心を抱き、その意味や操作の仕方に関心をもち、物事の法則性に気付き、自分なりに考えることができるようになる過程を大切にすること。また、他の幼児の考えなどに触れて新しい考えを生み出す喜びや楽しさを味わい、自分の考えをよりよいものにしようとする気持ちが育つようにすること。

（2）幼児期において自然のもつ意味は大きく、自然の大きさ、美しさ、不思議さなどに直接触れる体験を通して、幼児の心が安らぎ、豊かな感情、好奇心、思考力、表現力の基礎が培われることを踏まえ、幼児が自然との関わりを深めることができるよう工夫すること。

（3）身近な事象や動植物に対する感動を伝え合い、共感し合うことなどを通して自分から関わろうとする意欲を育てるとともに、様々な関わり方を通してそれらに対する親しみや畏敬の念、生命を大切にする気持ち、公共心、探究心などが養われるようにすること。

（4）文化や伝統に親しむ際には、正月や節句など我が国の伝統的な行事、国歌、唱歌、わらべうたや我が国の伝統的な遊びに親しんだり、異なる文化に触れる活動に親しんだりすることを通じて、社会とのつながりの意識や国際理解の意識の芽生えなどが養われるようにすること。

（5）数量や文字などに関しては、日常生活の中で幼児自身の必要感に基づく体験を大切にし、数量や文字などに関する興味や関心、感覚が養われるようにすること。

（以下省略）

※幼保連携型認定こども園教育・保育要領の「満3歳以上の園児の教育及び保育に関するねらい及び内容」については、用語の差はありますが、幼稚園教育要領に準じているとみなし、ここでは割愛します。

保育所保育指針（抜粋） 平成29（2017）年 厚生労働省告示

第1章 総則 （省略）
第2章 保育の内容

この章に示す「ねらい」は、第1章の1の（2）に示された保育の目標をより具体化したものであり、子どもが保育所において、安定した生活を送り、充実した活動ができるように、保育を通じて育みたい資質・能力を、子どもの生活する姿から捉えたものである。また、「内容」は、「ねらい」を達成するために、子どもの生活やその状況に応じて保育士等が適切に行う事項と、保育士等が援助して子どもが環境に関わって経験する事項を示したものである。

保育における「養護」とは、子どもの生命の保持及び情緒の安定を図るために保育士等が行う援助や関わりであり、「教育」とは、子どもが健やかに成長し、その活動がより豊かに展開されるための発達の援助である。本章では、保育士等が、「ねらい」及び「内容」を具体的に把握するため、主に教育に関わる側面からの視点を示しているが、実際の保育においては、養護と教育が一体となって展開されることに留意する必要がある。

1 乳児保育に関わるねらい及び内容
（1）基本的事項 （省略）
（2）ねらい及び内容
ア 健やかに伸び伸びと育つ （省略）
イ 身近な人と気持ちが通じ合う （省略）

ウ 身近なものと関わり感性が育つ
身近な環境に興味や好奇心をもって関わり、感じたことや考えたことを表現する力の基盤を培う。

（ア）ねらい
①身の回りのものに親しみ、様々なものに興味や関心をもつ。
②見る、触れる、探索するなど、身近な環境に自分から関わろうとする。
③身体の諸感覚による認識が豊かになり、表情や手足、体の動き等で表現する。

（イ）内容
①身近な生活用具、玩具や絵本などが用意された中で、身の回りのものに対する興味や好奇心をもつ。
②生活や遊びの中で様々なものに触れ、音、形、色、手触りなどに気付き、感覚の働きを豊かにする。
③保育士等と一緒に様々な色彩や形のものや絵本などを見る。
④玩具や身の回りのものを、つまむ、つかむ、たたく、引っ張るなど、手や指を使って遊ぶ。
⑤保育士等のあやし遊びに機嫌よく応じたり、歌やリズムに合わせて手足や体を動かして楽しんだりする。

（ウ）内容の取扱い
上記の取扱いに当たっては、次の事項に留意する必要がある。
①玩具などは、音質、形、色、大きさなど子どもの発達状態に応じて適切なものを選び、その時々の子どもの興味や関心を踏まえるなど、遊びを通して感覚の発達が促されるものとなるように工夫すること。なお、安全な環境の下で、子どもが探索意欲を満たして自由に遊べるよう、身の回りのものについては、常に十分な点検を行うこと。
②乳児期においては、表情、発声、体の動きなどで、感情を表現することが多いことから、これらの表現しようとする意欲を積極的に受け止めて、子どもが様々な活動を楽しむことを通して表現が豊かになるようにすること。

2 1歳以上3歳未満児の保育に関わるねらい及び内容

（1）基本的事項 （省略）

（2）ねらい及び内容

ア 健康 （省略）

イ 人間関係 （省略）

ウ 環境

周囲の様々な環境に好奇心や探究心をもって関わり、それらを生活に取り入れていこうとする力を養う。

（ア）ねらい

① 身近な環境に親しみ、触れ合う中で、様々なものに興味や関心をもつ。
② 様々なものに関わる中で、発見を楽しんだり、考えたりしようとする。
③ 見る、聞く、触るなどの経験を通して、感覚の働きを豊かにする。

（イ）内容

① 安全で活動しやすい環境での探索活動等を通して、見る、聞く、触れる、嗅ぐ、味わうなどの感覚の働きを豊かにする。
② 玩具、絵本、遊具などに興味をもち、それらを使った遊びを楽しむ。
③ 身の回りの物に触れる中で、形、色、大きさ、量などの物の性質や仕組みに気付く。
④ 自分の物と人の物の区別や、場所的感覚など、環境を捉える感覚が育つ。
⑤ 身近な生き物に気付き、親しみをもつ。
⑥ 近隣の生活や季節の行事などに興味や関心をもつ。

（ウ）内容の取扱い

上記の取扱いに当たっては、次の事項に留意する必要がある。

① 玩具などは、音質、形、色、大きさなど子どもの発達状態に応じて適切なものを選び、遊びを通して感覚の発達が促されるように工夫すること。
② 身近な生き物との関わりについては、子どもが命を感じ、生命の尊さに気付く経験へとつながるものであることから、そうした気付きを促すような関わりとなるようにすること。
③ 地域の生活や季節の行事などに触れる際には、社会とのつながりや地域社会の文化への気付きにつながるものとなることが望ましいこと。その際、保育所内外の行事や地域の人々との触れ合いなどを通して行うこと等も考慮すること。

3 3歳以上児の保育に関するねらい及び内容

（1）基本的事項 （省略）

（2）ねらい及び内容

ア 健康 （省略）

イ 人間関係 （省略）

ウ 環境

周囲の様々な環境に好奇心や探究心をもって関わり、それらを生活に取り入れていこうとする力を養う。

（ア）ねらい

① 身近な環境に親しみ、自然と触れ合う中で様々な事象に興味や関心をもつ。
② 身近な環境に自分から関わり、発見を楽しんだり、考えたりし、それを生活に取り入れようとする。
③ 身近な事象を見たり、考えたり、扱ったりする中で、物の性質や数量、文字などに対する感覚を豊かにする。

（イ）内容

① 自然に触れて生活し、その大きさ、美しさ、不思議さなどに気付く。

② 生活の中で、様々な物に触れ、その性質や仕組みに興味や関心をもつ。

③ 季節により自然や人間の生活に変化のあることに気付く。

④ 自然などの身近な事象に関心をもち、取り入れて遊ぶ。

⑤ 身近な動植物に親しみをもって接し、生命の尊さに気付き、いたわったり、大切にしたりする。

⑥ 日常生活の中で、我が国や地域社会における様々な文化や伝統に親しむ。

⑦ 身近な物を大切にする。

⑧ 身近な物や遊具に興味をもって関わり、自分なりに比べたり、関連付けたりしながら考えたり、試したりして工夫して遊ぶ。

⑨ 日常生活の中で数量や図形などに関心をもつ。

⑩ 日常生活の中で簡単な標識や文字などに関心をもつ。

⑪ 生活に関係の深い情報や施設などに興味や関心をもつ。

⑫ 保育所内外の行事において国旗に親しむ。

(ウ) 内容の取扱い

上記の取扱いに当たっては、次の事項に留意する必要がある。

① 子どもが、遊びの中で周囲の環境と関わり、次第に周囲の世界に好奇心を抱き、その意味や操作の仕方に関心をもち、物事の法則性に気付き、自分なりに考えることができるようになる過程を大切にすること。また、他の子どもの考えなどに触れて新しい考えを生み出す喜びや楽しさを味わい、自分の考えをよりよいものにしようとする気持ちが育つようにすること。

② 幼児期において自然のもつ意味は大きく、自然の大きさ、美しさ、不思議さなどに直接触れる体験を通して、子どもの心が安らぎ、豊かな感情、好奇心、思考力、表現力の基礎が培われることを踏まえ、子どもが自然との関わりを深めることができるよう工夫すること。

③ 身近な事象や動植物に対する感動を伝え合い、共感し合うことなどを通して自分から関わろうとする意欲を育てるとともに、様々な関わり方を通してそれらに対する親しみや畏敬の念、生命を大切にする気持ち、公共心、探究心などが養われるようにすること。

④ 文化や伝統に親しむ際には、正月や節句など我が国の伝統的な行事、国歌、唱歌、わらべうたや我が国の伝統的な遊びに親しんだり、異なる文化に触れる活動に親しんだりすることを通じて、社会とのつながりの意識や国際理解の意識の芽生えなどが養われるようにすること。

⑤ 数量や文字などに関しては、日常生活の中で子ども自身の必要感に基づく体験を大切にし、数量や文字などに関する興味や関心、感覚が養われるようにすること。

（以下省略）

引用・参考文献

有沢重雄文、月本佳代美絵『飼育栽培図鑑』福音館書店　2000 年

石垣恵美子ほか編著『新版 幼児教育課程論入門』建帛社　2002 年　p.5

妹尾里佳／山本じゅん『みんなにおくろう手づくりカード』ひかりのくに　1997 年

上野吉一『キリンが笑う動物園―環境エンリッチメント入門（岩波科学ライブラリー）』岩波書店　2009 年

かこさとし『つよいかみ　よわいかたち』童心社　1988 年　pp.37-38

レイチェル・カーソン　上遠恵子訳『センス・オブ・ワンダー』新潮社　1996 年　pp.23-24

北川尚史監修、丸山健一郎、伊藤ふくお写真『ひっつきむしの図鑑』トンボ出版　2003 年　p.1、pp.4-5

厚生労働省『保育所保育指針解説書』フレーベル館　2008 年

坂田尚子／田宮縁／静岡市環境教育推進会議「こども環境教育のてびき」静岡市清流の都創造課　2008 年

佐々木正人『アフォーダンス――新しい認知の理論（岩波科学ライブラリー）』岩波書店　1994 年　p.60

さとうゆみか『ねんどクリーム　にゅるにゅる（「かがくのとも」2003 年 5 月号）』福音館書店　2003 年

塩美佐枝編著『保育内容総論』同文書院　2003 年

高橋たまき／中沢和子／森上史郎編『遊びの発達学　基礎編』培風館　1996 年

田尻由美子／無藤隆編著『保育内容　子どもと環境――基本と実践事例――』同文書院　2006 年

田宮縁編『エコパーク日本平動物園の園外保育、校外学習をブラッシュアップ！ TEACHER'S GUIDE』静岡市観光交流文化局日本平動物園　2016 年

田宮縁編『エコパーク日本平動物園と教室をつなぐ TEACHER'S GUIDE Vol.2』静岡市観光交流文化局日本平動物園　2017 年

中沢和子『新訂　子どもと環境』萌文書林　1990 年　p.7

芳賀哲「おもちゃ時間」（「母の友」2006 年 7 月号）福音館書店　2006 年

芳賀哲「帰ってきた『おもちゃ時間』」（「母の友」2009 年 1 月号）福音館書店　2009 年

バージニア・リー・バートン　石井桃子訳『せいめいのれきし』岩波書店　1964 年　p.8、76

J.D. ハーレン／M.S. リプキン　深田昭三／隅田学監訳『8 歳までに経験しておきたい科学』北大路書房　2007 年　p.205

スーザン・D・ハロウェイ　高橋登／南雅彦／砂上史子訳『ヨウチエン――日本の幼児教育、その多様性と変化』北大路書房　2004 年

ステファニー・フィーニイ／エヴァ・モラヴィック／ドリス・クリステンセン　Who am I研究会訳『保育学入門――子どもたちと共に生きる保育者』ミネルヴァ書房　2010 年

ロバート・フルガム　池 央耿訳『新・人生に必要な幼稚園の砂場で学んだ』河出書房新社　2004 年　pp.23-24、p.29

ニール・ポストマン　小柴一訳『子どもはもういない』新樹社　2001 年

アドルフ・ポルトマン　高木正孝訳『人間はどこまで動物か――新しい人間像のために（岩波新書）』岩波書店　1961 年

槇英子『保育をひらく造形表現』萌文書林　2008 年

ワンガリ・マータイ　福岡伸一訳『モッタイナイで地球は緑になる』木楽舎　2005 年

松尾聰／永井和子『枕草子（日本の古典をよむ⑧）』小学館　2007 年　pp.15-16

文部科学省『幼稚園教育要領解説』フレーベル館　2018 年

文部科学省『小学校学習指導要領解説　算数編』東洋館出版社　2008 年

おわりに

　保育内容の領域「環境」について、基礎から応用までホップ・ステップ・ジャンプと学習を進めてきましたが、いかがだったでしょうか。

　みなさんにとっては、今までの学校教育のなかで学習してきたことや生活のなかで経験してきたことばかりだったかもしれません。たしかに難しいことではありませんが、保育者は子どもが体験していることの意味や周囲の環境との関連づけなど、統合して考える力が求められます。本書で体験したり、調べたり、考えたりした体験学習のサイクルを習慣化し、実践に生かしていってほしいと願っております。

　また、私がこれまでに子どもや学生、同僚たちからもらったヒントが、本書をつくるうえで大いに役立ちました。第2部・第3部の体験メニューや事例などで多数の写真を使用しておりますが、写真や作品を快く提供していただいた関係機関、学生のみなさん、ありがとうございました。他の領域からアドバイスをくださった専門家のみなさんにも重ねてお礼申し上げます。

　出版にあたっては、ほかに類をみない企画を認めていただき、支えてくださった萌文書林の企画編集部のみなさま、ありがとうございました。とくに本文のチェックからスケジュール管理に至るまで福西志保さんには大変お世話になりました。

　美しいものを美しいと感じ、小さなことにも心躍らせる、そんな「センス・オブ・ワンダー」を磨きつづける保育者に！

2011年9月

田宮　縁

協力

常葉学園大学教育学部　平成 22 年度「環境指導法 I・II」受講者
静岡大学教育学部附属幼稚園
静岡市立安倍口幼稚園
学校法人栗田学園 ふじみ幼稚園
学校法人大雄学園 志太幼稚園
静岡市立東豊田こども園
焼津市立東益津幼稚園
長田真奈美
坂田尚子
黒澤俊二

p.138 に掲載の『カラー版 死者の書』（社会思想社刊）を撮影された写真家・故遠藤紀勝さんのご連絡先が不明でした。もしご家族の方がおられましたら、ご連絡いただければ幸いに存じます。

体験する　調べる　考える

領域「環境」

2011 年 10 月 17 日　初版第 1 刷発行
2017 年 4 月 1 日　初版第 4 刷発行
2018 年 4 月 13 日　第 2 版第 1 刷発行
2023 年 4 月 1 日　第 2 版第 6 刷発行
2024 年 4 月 1 日　第 3 版第 1 刷発行

著者　田宮 縁
発行者　服部直人
発行所　株式会社萌文書林
〒 113-0021　東京都文京区本駒込 6-15-11
Tel.03-3943-0576　Fax.03-3943-0567
https://www.houbun.com/
info@houbun.com

ブックデザイン　久保田祐子
イラスト　伊藤和人、aque（あくざわ めぐみ）
印刷　萩原印刷株式会社